Ingeborg Bachmann
Die Wahrheit ist dem Menschen zumutbar

PIPER

Zu diesem Buch

Ingeborg Bachmanns essayistische Texte sind nicht zu trennen von ihrem dichterischen Schaffen. Philosophische Reflexionen, ihre Reden anläßlich von Preisverleihungen, Städteskizzen und Porträts von Dichtern des 20. Jahrhunderts belegen die Spannbreite ihrer Interessen, ihre beinahe unermeßliche Belesenheit. Ihre ganz persönlichen Vorlieben für bestimmte Landschaften, Dichter und Orte kommen in diesen Essays zum Ausdruck und geben im Skizzenhaften Einblick in die »Werkstatt« der Schriftstellerin. In allen Texten wird dabei der von Ingeborg Bachmann geforderte Anspruch nach Authentizität und Wahrheit des Geschriebenen spürbar, denn: »Die Wahrheit ist dem Menschen zumutbar.«

Ingeborg Bachmann, am 25. Juni 1926 in Klagenfurt geboren. Lyrikerin, Erzählerin, Essayistin. 1952 erste Lesung bei der Gruppe 47. Preise: Bremer Literaturpreis, Hörspielpreis, Georg-Büchner-Preis, Großer Österreichischer Staatspreis, Anton-Wildgans-Preis. Sie lebte nach Aufenthalten in München und Zürich viele Jahre in Rom, wo sie am 17. Oktober 1973 starb.

Ingeborg Bachmann

Die Wahrheit ist dem Menschen zumutbar

Essays, Reden, Kleinere Schriften

Piper München Zürich

Mehr über unsere Autoren und Bücher:
www.piper.de

Von Ingeborg Bachmann liegen bei Piper vor:
Anrufung des Großen Bären
Die gestundete Zeit
Der gute Gott von Manhattan
Frankfurter Vorlesungen
Das dreißigste Jahr. Erzählungen
Gedichte, Erzählungen, Hörspiel, Essays
Simultan. Erzählungen
Die Hörspiele
Werke (4 Bände)
Sämtliche Erzählungen
Sämtliche Gedichte
Liebe: Dunkler Erdteil
Bilder aus ihrem Leben
Das Buch Franza
Requiem für Fanny Goldmann
Ich weiß keine bessere Welt. Gedichte
Briefe einer Freundschaft (mit Hans Werner Henze)
Kritische Schriften

Entnommen der überarbeiteten Neuauflage der Werkausgabe: Ingeborg Bachmann, Werke. Vierter Band: Essays – Reden – Vermischte Schriften – Anhang; herausgegeben von Christine Koschel, Inge von Weidenbaum, Clemens Münster, Piper Verlag GmbH, München 1982

FSC
www.fsc.org
MIX
Papier aus verantwortungsvollen Quellen
FSC® C083411

Ungekürzte Taschenbuchausgabe
Februar 1981 (TB 218)
Dezember 2011

Umschlag: semper smile, München
Umschlagfoto: Renate von Mangoldt
Papier: Munken Print von Arctic Paper Munkedals AB, Schweden
Gesamtherstellung: CPI – Clausen & Bosse, Leck
Printed in Germany ISBN 978-3-492-27257-5

ESSAYS

Ludwig Wittgenstein – Zu einem Kapitel der jüngsten Philosophiegeschichte

Als vor zwei Jahren Ludwig Wittgenstein in Cambridge starb, erschien in einigen Wiener Blättern eine kurze Notiz: »Im Alter von . . . verschied in . . . der bekannte Philosoph . . .« Nun, er war keineswegs bekannt; er war eigentlich der unbekannteste Philosoph unserer Zeit, ein Mann, auf den ein Wort seines Landsmannes Karl Kraus zutrifft, der von sich einmal sagte: »Ich bin berühmt, aber es hat sich noch nicht herumgesprochen.« Daß es sich nicht herumspreche, dafür hat Wittgenstein selbst gesorgt. Auch trägt das einzige Buch, das er zu seinen Lebzeiten herausgab, einen Titel so ohne »appeal«, daß sich, mit Ausnahme eines kleinen Kreises von Fachgelehrten, niemand dran vergriff. War er in seinem Werk nur wenigen erreichbar, so in seinem Leben keinem; er mied nach Abschluß des ›*Tractatus logico-philosophicus*‹[1] die Welt und den Ruhm, verwischte seine Spuren, zog für Jahre als Dorfschullehrer auf das Land, und von seinen letzten Jahren in Cambridge, wo er als Nachfolger von G. E. Moore den Lehrstuhl für Philosophie innehatte, erzählte man, daß er eine Hütte bewohnt habe und darin nur einen einfachen Stuhl als Ausstattung duldete. So hat die Legende sein Leben abgelöst noch zur Zeit, als er lebte, eine Legende von freiwilliger Entbehrung, vom Versuch eines heiligmäßigen Lebens, vom Versuch, dem Satz zu gehorchen, der den ›*Tractatus*‹ beschließt: »Wovon man nicht sprechen kann, darüber muß man schweigen.« Und es war – um es vorwegzunehmen – der Versuch, die Philosophie schweigend zu vollziehen, ein absurder Versuch, wie es scheint, aber der einzig legitime für ihn, nachdem er alles Sagbare klar dargestellt hatte (wie er es von der Philosophie forderte), alles Denkbare, das das Undenkbare von innen begrenzt und so auf das Unsagbare deutet.

Dem Namen Wittgenstein begegnet man in der philosophischen Literatur durchwegs im Zusammenhang mit dem »Wiener Kreis«, der einzigen originalen Neuschöpfung der empiristischen Philosophie in der Gegenwart, der einst angefeindeten und gefürchteten »Vienna Dynasty« der logischen Positivisten, die, zu einem Teil wenigstens, von diesem eigenartigen Denker angeregt, eine neue Schule begründeten. Doch wäre es falsch, Wittgenstein – was fortwährend geschieht – mit dieser Schule zu identifizieren und neben seinem fundamentalen Beitrag zur symbolischen Logik und zu einer »mathesis universalis« (neu formuliert als »Einheitssystem der wissenschaftlichen Erkenntnis«) zu übersehen, was seinem Werk den höchsten Rang sichert. Nicht die klärenden, negativen Sätze, die die Philosophie auf eine logische Analyse der naturwissenschaftlichen Sprache beschränken und die Erforschung der Wirklichkeit an die naturwissenschaftlichen Spezialgebiete preisgeben, sondern seine verzweifelte Bemühung um das Unaussprechliche, die den ›*Tractatus*‹ mit einer Spannung auflädt, in der er sich selbst aufhebt – sein Scheitern also an der positiven Bestimmung der Philosophie, die bei den anderen Neopositivisten zur fruchtbaren Ignoranz wird –, ist ein erneutes, stets zu erneuerndes Mitdenken wert.

Als im Jahre 1929 der Wiener Arbeitskreis um Moritz Schlick mit der Broschüre ›*Der Wiener Kreis – Wissenschaftliche Weltauffassung*‹ an die Öffentlichkeit trat und mit seinem kühlen, sachlichen Programm eine Protestwelle in der deutschen Philosophie auslöste, lag Wittgensteins ›*Tractatus*‹ schon acht Jahre vor. Im selben Jahr erschien die zweite Auflage von Heideggers ›*Sein und Zeit*‹, die der Arbeitsgemeinschaft in ihrem Kampf gegen den von Deutschland, dem Land der Depression, aus um sich greifenden Irrationalismus Recht zu geben schien. In Wien, und dies war vonnöten, kam die erbitterte Gegnerschaft der Gruppe zum österreichischen Klerikalismus, etwa in Form der Doktrinen des Staatsphilosophen Othmar Spann, hinzu. Es braucht nicht verschwiegen zu werden, daß die Aggressivität, die scharfen Polemiken gegen alle metaphysischen Richtungen, vor allem von seiten Neuraths, manchmal zu engstirnig waren oder zum Selbstzweck wurden. Doch rechtfertigten die aus echter Leidenschaft nach Genauigkeit und Richtigkeit gewonnenen Erkenntnisse der meisten Mitarbeiter den Anspruch, den der Kreis als internationale Schule von hohem Niveau geltend machte.

Für die Entstehung des Neopositivismus war Wien ein günstiger Boden. Seit für Ernst Mach Ende des neunzehnten Jahrhunderts an der Wiener Universität eine Lehrkanzel für »Philosophie der induktiven Wissenschaften« errichtet worden war, gab es in Österreich eine langjährige Tradition empiristischer Wissenschaft, die sich nahezu ausschließlich mit den Grundlagenproblemen der Naturwissenschaften beschäftigte. 1922 wurde Moritz Schlick auf diesen Lehrstuhl berufen; er hatte bei Planck studiert und stand mit Einstein und Hilbert in persönlichem Verkehr. Ähnlich seinen Vorgängern Boltzmann und Mach kam er also von der Physik her zur Philosophie, doch hatte er ihnen eine eingehende Kenntnis der Philosophie voraus. Um ihn bildete sich bald ein Kreis von Schülern und philosophisch interessierten Gelehrten: Rudolf Carnap, der puristische Logistiker, und die berühmten Mathematiker Menger und Hahn zählten zu ihnen. Schlick war überdies der einzige Gelehrte der Arbeitsgemeinschaft, den Wittgenstein hin und wieder bei sich sah und am stärksten beeinflußte. Die Stellung des Kreises Wittgenstein gegenüber war jedoch nicht einhellig. Es konnte nicht übersehen werden, daß der führende positivistische Logistiker, der dem

Durchschnittsdenken das Recht auf jedes »Rätsel« absprach, von einem mystischen Erlebnis des Unsagbaren erschüttert, seine Skepsis nur gegen dessen Gewicht hielt. Der »unio mystica« des Forschers, der die unsagbare Gegenwart des Realen in wenigen Augenblicken der Gnade empfindet, galten auch die letzten Worte Schlicks, dessen Ermordung im Jahre 1934 für den Kreis einen unersetzlichen Verlust bedeutete. Nach seinem Tod wurde ein immer strengerer, »physikalistischer« Kurs eingeschlagen, und Carnap und Neurath verbanden sich zu einer Absage an Schlicks und Wittgensteins »Urerlebnisse«.

Die Hauptthesen des Neopositivismus finden wir im ›*Tractatus logico-philosophicus*‹ vorgebildet, der, formal gesehen, eine Kuriosität ist. Er besteht aus losen, brillant geschriebenen, numerierten Aphorismen und beginnt mit dem lapidaren Satz: »Die Welt ist alles, was der Fall ist« (1). Wittgenstein geht von der Grundthese Bertrand Russells aus, wonach die Welt sich aus voneinander völlig unabhängigen Tatsachen zusammensetzt. Über die Gesamtheit der Tatsachen hinaus, in die sie zerfällt, ist sie nichts. Als Abbild dieser voneinander unabhängigen Tatsachen muß unsere Erkenntnis immer vereinzelt sein. Nun bilden wir aber allgemeine Sätze, die dies zu widerlegen scheinen. Etwa: »Alle Menschen sind sterblich.« Doch die Wahrheit einer solchen allgemeinen Aussage, auf deren Zuverlässigkeit wir uns stützen, wird bestimmt durch die Wahrheit etwa der Einzelaussagen »Peter ist sterblich« und »Hans ist sterblich«, wobei das verbindende »und« die Funktion hat, die Wahrheit des allgemeinen Satzes zu gewährleisten. Ein neuer Sinn, eine neue, allgemeine Wahrheit, über die Wahrheit der Einzelaussagen hinaus, entsteht jedoch bei einem allgemeinen Satz nicht.

Dieses harmlose Beispiel aus der Logik hat nun weniger harmlose Folgen. Denn es demonstriert, daß die Logik –

dies ist wörtlich und banal zu verstehen – gar nichts besagt. Sie hat – um mit Wittgenstein zu sprechen – rein tautologischen Charakter. Somit kann die Logik die Wirklichkeit nicht erforschen und nichts über sie lehren. Da die Philosophie nun als logische Analyse der Sprache definiert wird, kann auch sie nichts über die Wirklichkeit aussagen; sie ist nur eine Tätigkeit und übt eine Art Kontrolle aus.

Ihr analytisches Werkzeug, die Logik, erfuhr schon gegen Ende des vergangenen Jahrhunderts eine tiefgreifende Umgestaltung durch die Verwendung von Symbolen nach Analogie der Mathematik. Russell und Whitehead hatten in ihren ›*Principia mathematica*‹ gezeigt, daß die mathematischen Grundbegriffe (die natürlichen und erweiterten Zahlen, die Begriffe der Analysis und der Mengenlehre) mit logischen Grundbegriffen, aufgrund logischer Grundsätze, konstituiert werden können, wenn man zwei neue Axiome – das Unendlichkeits- und das Auswahl-Axiom – hinzunimmt. Die Mathematik war als Zweig der Logik entdeckt. »Die Logik der Welt, die die Sätze der Logik in den Tautologien zeigen, zeigt die Mathematik in den Gleichungen« (6.22), formuliert Wittgenstein. Verstehen wir es richtig: Wie die Zahlen in der Mathematik nicht Gegenstände unserer Erfahrungswelt bedeuten und die Geometrie nicht den wirklichen Raum beschreibt, so beschreiben die Symbole der Logik nicht die Gegenstände und deren Beziehungen. Wir ordnen sie, wenn wir denken, ihnen nur zu.

Der Neopositivismus nimmt also einerseits am Empirismus, anderseits an Kant eine empfindliche Korrektur vor: Die Gesetze der Logik sind zwar a priori, aber ihre Aussagen sind zugleich leer und nichtssagend; das heißt also, daß auch Kants These, sie seien synthetisch, unhaltbar ist. Die einzigen Sätze, die sinnvoll sind und etwas besagen, sind Erfahrungssätze – Sätze also, die sich auf die Sachverhalte der Wirklichkeit beziehen. Diese Sätze treten in den empirischen Einzelwissenschaften auf. Spezifisch philosophische Sätze aber, wie sie die Metaphysik aufstellt, müssen, da sie der empirischen Wissenschaft und ihren Methoden unzugänglich sind und dennoch mehr sein wollen als Tautologien, als Scheinsätze bezeichnet werden.

Wie im Wiener Kreis Scheinsätze »entlarvt« wurden, soll an der Heidegger-Kritik von Rudolf Carnap gezeigt werden.

In seinem Aufsatz ›*Überwindung der Metaphysik durch logische Analyse der Sprache*‹[2] gibt Carnap einige Proben aus Martin Heideggers Schrift ›*Was ist Metaphysik*‹[3], um zu zeigen, daß derartige Satzbildungen auf einer Verletzung der logischen Syntax beruhen. »Erforscht werden soll das Seiende nur und sonst nichts; das Seiende allein und weiter – nichts; das Seiende einzig und darüber hinaus – nichts. Wie steht es um dieses Nichts? – Gibt es das Nichts nur, weil es das Nicht, das heißt die Verneinung, gibt? Oder liegt es umgekehrt? Gibt es die Verneinung und das Nicht nur, weil es das Nichts gibt? – Wir behaupten: Das Nichts ist ursprünglicher als das Nicht und die Verneinung. – Wo suchen wir das Nichts? Wie finden wir das Nichts? – Wir kennen das Nichts. – Die Angst offenbart das Nichts. – Wovor und warum wir uns ängsteten, war ›eigentlich‹ – nichts. In der Tat: das Nichts selbst – als solches – war da. – Wie steht es um das Nichts? – Das Nichts selbst nichtet.«

Carnap versucht nun, in einem Schema die einzelnen sinnlosen Bildungen herauszustellen, indem er ihnen unter ›I‹ Sätze in grammatischer Analogie zur Seite gibt und unter ›III‹ die Schreibweise der Logistik beifügt:

I. Sinnvolle Sätze der üblichen Sprache	II. Entstehung von Sinnlosem aus Sinnvollem in der üblichen Sprache	III. Logisch korrekte Sprache
A. Was ist draußen? dr (?) Draußen ist Regen. dr (Re)	A Was ist draußen? dr (?) Draußen ist nichts. dr (Ni)	A. Es gibt nicht (existiert nicht, ist nicht vorhanden) etwas, das draußen ist. $\sim(\exists\, x) \cdot \mathrm{dr}\ (x)$
B. Wie steht es um diesen Regen (d. h.: was läßt sich über diesen Regen sonst noch aussagen)? ? (Re)	B. »Wie steht es um dieses Nichts?« ? (Ni)	B. Alle diese Formen können überhaupt nicht gebildet werden.
1. Wir kennen den Regen. k (Re)	1. »Wir suchen das Nichts«, »Wir finden das Nichts«, »Wir kennen das Nichts«, k (Ni)	
2. Der Regen regnet. re (Re)	2. »Das Nichts nichtet«. ni (Ni)	
	3. »Es gibt das Nichts nur, weil . . .« ex (Ni)	

Carnap argumentiert nun: Schon die Satzform II A als Frage und Antwort entspricht nicht den Forderungen, die an eine logisch korrekte Sprache zu stellen sind, aber sie ist noch sinnvoll, weil man sie in die logisch korrekte Sprache

übersetzen kann (III A). Ihre Unzweckmäßigkeit zeigt sich aber, wenn wir zu den Sätzen II B weitergehen, die sich in der logisch korrekten Sprache überhaupt nicht bilden lassen. Denn in II B 1 wird das Wort »nichts«, mit dem man in der üblichen Sprache einen negativen Existenzialsatz formulierte, als Gegenstandsname verwendet. Im Satz II B 2 kommt das bedeutungslose Wort »nichten« hinzu und macht diesen Satz doppelt sinnlos. Der Satz II B 3, der als einziger Satz nicht in grammatischer Analogie zu I B steht, stimmt mit den vorhergehenden Sätzen in dem Fehler überein, das Wort »nichts« als Gegenstandsnamen zu benutzen, und selbst wenn es zulässig wäre, »nichts« zur Kennzeichnung eines Gegenstandes einzuführen, enthielte er einen Widerspruch, weil in demselben Satz diesem Gegenstand wieder die Existenz zugeschrieben wird, die ihm in seiner Definition abgesprochen wurde.
Dieser Argumentation freilich – dessen ist Carnap sich bewußt – entzieht Heidegger sich. »Im Wirbel eines ursprünglicheren Fragens« glaubt er die Idee der Logik sich auflösen zu sehen und fühlt sich ihr darum nicht mehr verpflichtet. Aber der Neopositivist muß daran festhalten, daß eine zweite größere, »wahre« Wirklichkeit, in der auch das »Nichts« beheimatet sein soll, nur behauptet werden kann; doch von vornherein ist gewiß, daß sie sich nicht verifizieren lassen wird.
Wittgenstein geht somit von der Erforschung der Logik aus, die gleichbedeutend mit der Erforschung aller Gesetzmäßigkeit ist: »Und außerhalb der Logik ist alles Zufall« (6.3). Die Gesetzmäßigkeiten, die erforscht werden, sind aber keine Erklärung. »Der ganzen modernen Weltanschauung liegt die Täuschung zugrunde, daß die sogenannten Naturgesetze die Erklärungen der Naturerscheinungen seien« (6.371). Geschieht doch in der Welt alles, wie es geschieht, und ist doch alles, wie es eben ist: »Nicht *wie* die Welt ist, ist das Mystische, sondern *daß* sie

ist« (6.44)[4]. »Sinn«, der aus einer Erklärung kommen müßte, ist nicht in der Welt.
Von der Welt als der Gesamtheit aller Tatsachen machen wir uns Bilder, die wiederum den Tatsachen zuzurechnen sind. Zwischen dem Bild nun und der Wirklichkeit, die es abbildet, ist etwas Gemeinsames, das die Abbildung ermöglicht: die Form (räumliche Form bei Abbildung von Räumlichem, farbige Form bei Abbildung von Farbigem und so weiter). Zudem ist jede Form, unter allen Umständen, logische Form, und jedes Bild ist daher auch ein logisches Bild. »Das logische Bild kann die Welt abbilden« (2.19). Mit anderen Worten: Da das logische Bild der Gedanke ist, ist alles, was denkbar ist, auch möglich, und da die Sprache die Gesamtheit der Sätze ist, muß Philosophie notwendig Sprachkritik – logische Analyse der Sprache – sein. Denn: »Die Gesamtheit der wahren Sätze ist die gesamte Naturwissenschaft« (4.11). »Die Philosophie ist keine der Naturwissenschaften« (4.111). »Das Resultat der Philosophie sind nicht ›philosophische Sätze‹, sondern das Klarwerden von Sätzen« (4.112).
Von der klaren Darstellung des Sagbaren ausgehend, verweist Wittgenstein unvermutet darauf, daß die Philosophie damit das Unsagbare bedeute. Was ist nun dieses Unsagbare? Zuerst begegnet es uns als Unmöglichkeit, die logische Form selbst darzustellen. Diese zeigt sich. Sie spiegelt sich im Satz. Der Satz weist sie auf. Was sich zeigt, kann nicht gesagt werden; es ist das Mystische. Hier erfährt die Logik ihre Grenze, und da sie die Welt erfüllt, da die Welt in die Struktur der logischen Form eintritt, ist ihre Grenze die Grenze unserer Welt. So verstehen wir den Satz: »*Die Grenzen meiner Sprache* bedeuten die Grenzen meiner Welt« (5.6).
Diesseits der »Grenzen« stehen wir, denken wir, sprechen wir. Das Gefühl der Welt als begrenztes Ganzes entsteht, weil wir selbst, als metaphysisches Subjekt, nicht mehr Teil

der Welt, sondern »Grenze« sind. Der Weg über die Grenze ist uns jedoch verstellt. Es ist uns nicht möglich, uns außerhalb der Welt aufzustellen und Sätze über die Sätze der Welt zu sagen. Darum kann es auch keinen Wert geben – »und wenn es ihn gäbe, so hätte er keinen Wert« (6.41). Es kann keine Sätze der Ethik geben, da ein Satz nichts Höheres ausdrücken kann. Es kann auch der Wille nicht Träger des Ethischen sein, denn die Welt ist unabhängig von unserem Willen. Nichts, was die Sprache auszudrücken vermag – also die Tatsachen der Welt –, ist durch den Willen veränderbar. Veränderbar sind nur die Grenzen der Welt, und darüber müssen wir schweigen. Keine der Fragen, die wir an die Philosophie zu richten gewohnt sind, kann sie uns also beantworten. Mit der Frage nach dem »Sinn von Sein« werden wir auf uns selbst verwiesen.

Die Bewegung, die hinter diesem Philosophieren steht, das nicht zur Lösung unserer Lebensprobleme beitragen kann, das in seiner Leidenschaft nach der ganzen Wahrheit nur die dürre, formelhafte, »ewige« Wahrheit der Logik zu bieten hat – Sätze, die wir überwinden müssen, um die Welt richtig zu sehen –, ist die gleiche, von der Baudelaire in seinem Gedicht ›*Le gouffre*‹ spricht. Wie Pascal bewegt sich Wittgenstein in und mit seinem Abgrund; von allen Grenzen strömt, was er nicht nennen darf, auf ihn ein und setzt ihn dem »drame cardinal« aus. »Ah, jamais sortir des nombres et des êtres!«

Im Wiener Kreis hat man sich allerdings darauf beschränkt, sich an das augenfällige Motto des ›*Tractatus*‹ zu halten: » . . . und alles, was man weiß, nicht bloß rauschen und brausen gehört hat, läßt sich in drei Worten sagen.«[5] Die logische Analyse der Sprache wurde vervollkommnet, einem »Einheitssystem der wissenschaftlichen Erkenntnis« vorgearbeitet, einer Universalsprache, wie sie schon Leibniz anstrebte, in die alle wissenschaftlichen Teilsprachen übersetzbar sein sollen. Durch eine enge Zusammenarbeit mit der modernen Mathematik und Physik wurde eine Lücke im philosophischen Denken unserer Zeit geschlossen. Auf glänzenden internationalen Kongressen konnte die Wiener Schule ihren Einfluß auf die angelsächsischen und skandinavischen Länder ausdehnen. Deutschland, Frankreich und Italien standen dem Neopositivismus jedoch immer ablehnend gegenüber. In Wien selbst ist es um den Wiener Kreis still geworden. Zwischen 1933 und 1939 wurden seine hervorragendsten Vertreter an ausländische Universitäten berufen; einige gingen in die Emigration, andere wurden Opfer des Nationalsozialismus. Das Publikationsorgan des Kreises, die ›*Erkenntnis*‹, wurde als »zersetzend« verboten und mußte in England durch das ›*Journal of Unified Science*‹ ersetzt werden. Wohin eine Entwicklung der Ideen unter günstigeren Umständen geführt hätte, läßt sich freilich schwer sagen. Die logistische Spezialliteratur, die uns heute von den ehemaligen Angehörigen der Arbeitsgemeinschaft erreicht – Rudolf Carnap, v. Mises, Popper und Reichenbach führen mit verwandten Denkern in den Vereinigten Staaten und England die Arbeit weiter –, läßt erkennen, daß die große Zeit des Neopositivismus vorbei ist, daß man sich in der Behandlung von Details erschöpft.

Aber die Zeit für die Entdeckung Wittgensteins dürfte gekommen sein. Aus England erfahren wir, daß eben ein zweites, bisher unbekanntes Werk, ›*Philosophische Untersuchungen*‹, erschienen ist; auch von der Existenz eines ›*Blaubuches*‹, das Wittgenstein erst nach seinem Tod veröffentlicht wissen wollte, weiß man zu berichten.

Ob er sein Schweigen aufgehoben und den Schritt zu einem Bekenntnis getan hat, ist ungewiß und wenig wahrscheinlich. »Gott offenbart sich nicht *in* der Welt« (6.432) ist einer der bittersten Sätze des ›*Tractatus*‹. Aber läßt Wittgenstein uns nicht wissen, daß die sittliche Form, die wie die logische nicht darstellbar ist, sich zeigt und Wirklichkeit ist? »Wovon man nicht sprechen kann, darüber muß man schweigen«, sagt er am Ende und meint eben diese Wirklichkeit, von der wir uns kein Bild machen können und dürfen. Oder folgerte er auch, daß wir mit unserer Sprache verspielt haben, weil sie kein Wort enthält, auf das es ankommt?

Ins tausendjährige Reich

Um möglichen Irrtümern zuvorzukommen, versuchte Musil in dem Entwurf zu einer ›*Selbstanzeige*‹, sein Buch zu definieren.

»Es ist nicht der seit Menschengedenken erwartete große österreichische Roman, obwohl . . .

Es ist keine Zeitschilderung, in der sich Herr . . . erkennt, wie er leibt und lebt . . .

Es ist kein Bekenntnis, sondern eine Satire . . .

Es ist keine Satire, sondern eine positive Konstruktion.«

Wenn ein Autor verspricht, mit seinem Werk eine positive Konstruktion zu liefern, liefert er sich nicht nur einer Prüfung seiner dichterischen, sondern auch seiner geistigen Kapazität aus. In das Abgangszeugnis, mit dem Musil die deutsche Literatur verlassen wollte, schlug er einmal vor, einzutragen: »Betragen ungewöhnlich, Begabung zart, wenn auch zu Ausschreitungen neigend«, aber eines Tages bemerkte die Kritik unter anderem, daß sein Roman der größte geschichtsphilosophische Versuch und der schonungsloseste Roman der Weltanschauungskritik seit Voltaires ›*Candide*‹ sei. So ist Musil einige Gerechtigkeit widerfahren; denn er wollte sehr viel mehr als einen Roman schreiben, mehr als die Geschichte vom untergehenden Kakanien erzählen und mehr als an den abgewirtschafteten Ideen der Zeit Kritik üben.

Aber er wollte nicht – was ihm zuweilen vorgeworfen wird – seine Kompetenz überschreiten. Immer war ihm bewußt: »Der Dichter kann und soll nicht bis zum philosophischen System vordringen.«

Er ging nicht »aufs Ganze«, sondern gab Vor- und Richtbilder, Partiallösungen, nicht *die* Lösung. Aber er wollte sich nicht nur über die Wirklichkeit verständigen, sondern die Möglichkeit miteinbeziehen oder, wie sein Held Ulrich sich einmal ausdrückt, »den offenen Horizont hereinnehmen, von dem aus das Leben dem Geist angepaßt wird«.

Der Held Ulrich, ein junger Mathematiker, der ein exaktes naturwissenschaftliches Denktraining hinter sich hat, ist schon als »Mann ohne Eigenschaften« konzipiert, als ein Held also, dem die Voraussetzung zu handeln und die Tauglichkeit, einen geläufigen Romankonflikt auszutragen, fehlen.
Ein Konflikt ist immer ein moralischer Konflikt, und Ulrich, von dem wir hören, daß er zu den »moralisch schwachsinnigen« Dekadents gehört, könnte uns nicht beschäftigen, wenn der Autor ihm nicht ein Abenteuer zugedacht hätte, das als Abenteuer eines Helden vollkommen neu ist. Er läßt den Wunsch in ihm erwachen, das Denken und Handeln wieder zu aktivieren, anstatt »mit den Wölfen zu heulen«. Diesem etwas theoretisch anmutenden Unternehmen geht die Überlegung voraus, daß die Reaktivierung nur aus einer neuen Moral, und da die Wurzel der Moral der Glaube ist, nur aus einem neuen Glauben kommen kann. Der Mann ohne Eigenschaften macht sich nicht auf schmerzliche Suche nach dem verlorenen Glauben und der verlorenen Moral, sondern experimentiert mutig, und, wenn es sein muß, mit der gebotenen Vorsicht, an der Entfesselung geistiger Atomenergie und macht Kräfte frei, die er und seine Zeit noch nicht nützen können.

Ulrichs Konflikt liegt vor allen Konflikten. Es geht ihm um die »Moral« der Moral, weil unsere Moral sich in einem um Jahrhunderte verspäteten Denkzustand befindet. Die moralischen Werte, an denen sich unsere Gesellschaft orientiert, erkennt Ulrich als Funktionsbegriffe: Die gleiche Handlung kann gut oder böse sein, und im Endeffekt zeigt sich als einziges Charakteristikum der europäischen Moral, daß sich ihre Gebote hilflos widersprechen. (Am Fall des Prostituiertenmörders Moosbrugger erleben wir das dissonante Zusammenspiel von Gerichtsmedizin, Justiz und Seelsorge.)

Der Weg des Denkens, den Ulrich einschlägt, fällt mit dem Weg der Liebe zusammen. Was von Ulrich und seiner Schwester Agathe, in der er die schattenhafte Verdopplung seiner selbst zu finden glaubt, erzählt wird, ist nicht eine Liebesgeschichte, sondern »die letzte Liebesgeschichte«, weniger als ein Versuch des Anarchismus in der Liebe als ein Versuch, die Leidenschaft mit dem Grund aller Leidenschaft eins werden zu lassen, der einmal Gottesleidenschaft genannt wurde. Ulrich und Agathe geraten, ohne fromm zu sein, auf einen Weg, der mit dem der »Gottergriffenen« vieles gemeinsam hat. Sie beschäftigen sich mit den Zeugnissen großer Mystiker, um dahinterzukommen, wie Bewußtsein und Welt entgrenzt werden können, und sie erreichen für eine kurze Zeit den »anderen Zustand«, in dem sie moralisch in einen »Uratomzustand« aufgelöst werden. Alle Gedanken Ulrichs kreisen um die Frage: Was läßt sich überhaupt glauben? Mystik als beständige Gottergriffenheit erscheint ihm »liederlich«; er bildet den Begriff einer »taghellen Mystik« – als Möglichkeit einer vorübergehenden Abweichung von der gewohnten Ordnung des Erlebens. Diese Abweichung in eine direkte Wendung zu Gott überzuführen, widerstrebt ihm. Als Wissenschaftler weiß er, daß sie das Erkennen nicht fördern kann. Jede Wendung, wenn sie fruchtbar sein will, muß auf das »Ahnen ›nach‹ bestem Wissen« geschehen. Alles andere, »das sei nur wie die Wachsflügel des Ikaros, die in der Höhe zerschmelzen, rief er aus; wolle man nicht bloß im Traum fliegen, dann müsse man es auf Metallflügeln erlernen«.

Der Rückgriff des Manns ohne Eigenschaften auf die Idee vom tausendjährigen Reich, sein Verlangen nach dem »anderen Zustand«, der »unio mystica«, ist weniger befremdend, wenn man sie mit Musil als eine mögliche Utopie begreift und die Utopie nicht als Ziel, sondern als Richtung vor Augen hat. Musils Denken ist ziel-feindlich, beweglich, es rennt gegen die herrschenden Ordnungen an, in denen jedes Ding »ein erstarrter Einzelfall seiner Möglichkeiten« ist. Ja, jede Ordnung erscheint ihm absurd und wachsfigurenhaft, wenn man sie über ihre Zeit hinaus ernst nimmt und an ihr festhält. Er bevorzugt die Überlegung, daß die »Welt – als Ordnung – nur eine von x Versuchen sei und Gott vielleicht Teillösungen gebe, aus der die Welt immer wieder eine relative Totale bilde, der aber keine Lösung entspricht. Gott freilich ist zweifelhaft. Man muß sich der Ahnung überlassen.«

Diese Ahnung, in der sich das Movens des Geistes ständig wach und bereit hält, bleibt Ulrich, nachdem die Reise mit Agathe ins tausendjährige Reich mißglückt ist. Liebe als Verneinung, als Ausnahmezustand, kann nicht dauern. Das Außer-sich-sein, die Ekstase währen – wie der Glaube – nur eine Stunde. Zwar hat der »andere Zustand« aus der Gesellschaft in die absolute Freiheit geführt, doch Ulrich weiß nun, daß die Utopie dieses anderen Lebens für die Praxis des Lebens keine Vorschriften gibt und für ein Leben in der Gesellschaft durch die Utopie des gegebenen sozialen Zustands – Musil nennt sie die der »induktiven Gesinnung« – abgelöst werden muß. Beide Utopien aber erreichen, daß an die Stelle der geschlossenen Ideologien offene treten.

Nicht nur der Fall Kakanien hat gezeigt, daß das Denken in geschlossenen Ideologien direkt zum Krieg führt; und noch immer ist der permanente Glaubenskrieg aktuell.

Musils Richtbilder nun wollen uns zu nichts verführen, nur herausführen aus einem schablonenhaften und konventionellen Denken. Sie zwingen uns, nachzudenken, genau zu denken und mutig zu denken.

Welche Bedeutung hat daneben die Frage, ob dieser monströse »Roman« als gescheitert anzusehen ist oder nicht? Und wie werden wir ihm wirklich gerecht?

Musil sagt von Ulrich einmal melancholisch, er sei eine »verloren gegangene, wichtige Äußerung«.

Eine wichtige Äußerung – so könnte man das Buch nennen. Sie sollte nicht verlorengehen.

Was ich in Rom sah und hörte

In Rom sah ich, daß der Tiber nicht schön ist, aber unbekümmert um seine Kais, aus denen Ufer treten, an die keiner Hand legt. Die rostgebräunten Frachtschiffe benützt niemand, auch die Barken nicht. Sträucher und hohes Gras sind mit Schmutz beworfen, und auf den einsamen Balustraden schlafen in der Mittagshitze die Arbeiter regungslos. Noch nie hat sich einer umgedreht. Nie ist einer hinuntergestürzt. Sie schlafen, wo die Platanen ihnen einen Schatten aufschlagen, und ziehen sich den Himmel über den Kopf. Schön ist aber das Wasser des Flusses, schlammgrün oder blond – wie das Licht ihn strählt. Den Tiber soll man entlanggehen und nicht von den Brücken sehen, die als Wege zur Insel gedacht sind. Die Tiberina bewohnen die Noantri – wir anderen. Das ist so zu verstehen, daß sie, die Insel der Kranken und Toten seit alter Zeit, von uns anderen mitbewohnt werden will, mitbefahren, denn sie ist auch ein Schiff und treibt ganz langsam im Wasser mit allen Beladenen, in einem Fluß, der sie nicht als Last empfindet.

In Rom sah ich, daß die Peterskirche kleiner erscheint als ihre Maße und doch zu groß ist. Es heißt, Gott wollte seine Kirche auf einem Felsen und fest stehen haben. Diese nun erhebt sich über dem Grab ihres Heiligen, das man freilegt. So ist's der Heilige selbst, der sie in Gefahr bringt und schwächt. Trotzdem treten die großen Feste noch laut auf, mit Balletten in Purpur unter Baldachinen, und in den Nischen ersetzt Gold das Wachs. Chiesa granne divozzione poca. Noch sorgen die Armen in ihrer Behutsamkeit dafür, daß die Kirche nicht fällt, und der sie gegründet hat, verläßt sich schon auf den Schritt der Engel.

In Rom sah ich, daß dem Palazzo Cenci, in dem die unglückliche Beatrice vor ihrer Hinrichtung lebte, viele Häuser gleichen. Die Preise sind hoch und die Spuren der Barbarei überall. Auf den Terrassen morschen die Oleanderkübel zugunsten der weißen und roten Blüten; die möchten fortfliegen, denn sie kommen gegen den Geruch von Unrat und Verwesung nicht auf, der die Vergangenheit lebendiger macht als Denkmäler.
In Rom sah ich im Ghetto, daß noch nicht aller Tage Abend ist. Aber am Tag des Versöhnungsfestes wird für ein Jahr jedem im voraus verziehen. Nah der Synagoge ist in einer Trattoria die Tafel gerichtet, und die kleinen rötlichen Mittelmeerfische kommen, mit Rosinen und Pignolien gewürzt, auf den Tisch. Die Alten erinnern sich ihrer Freunde, die mit Gold aufgewogen wurden; als sie losgekauft waren, fuhren trotzdem die Lastwagen vor, und sie kamen nicht wieder. Aber die Enkelkinder, zwei kleine Mädchen in brennend roten Röcken und ein dickes blondes Kind, tanzen zwischen den Tischen und lassen die Augen nicht von den Musikanten. »Spielt weiter!« ruft das dicke Kind und schwenkt seine Mütze. Seine Großmutter beginnt zu lächeln, und der die Geige spielt, ist ganz weiß geworden und setzt einen Takt lang aus.
Ich sah auf dem Campo de' Fiori, daß Giordano Bruno noch immer verbrannt wird. Jeden Sonnabend, wenn um ihn herum die Buden abgerissen werden und nur mehr die Blumenfrauen zurückbleiben, wenn der Gestank von Fisch, Chlor und verfaultem Obst auf dem Platz verebbt, tragen die Männer den Abfall, der geblieben ist, nachdem alles verfeilscht wurde, vor seinen Augen zusammen und zünden den Haufen an. Wieder steigt Rauch auf, und die Flammen drehen sich in der Luft. Eine Frau schreit, und die anderen schreien mit. Weil die Flammen farblos sind in dem starken Licht, sieht man nicht, wie weit sie reichen

und wonach sie schlagen. Aber der Mann auf dem Sockel weiß es und widerruft dennoch nicht.
In einer römischen Bar sah und zählte ich: eine Katze mit witzigen Ohren und einem fast nackten Gesicht, weißen Beinkleidern und einer honigfarbenen Weste aus einer besseren Zeit. Einen Kellner, der den Kaffee verschüttete und die Aperitifgläser überschwappen ließ. Einen kleinen Jungen mit vorgebundener Schürze, der die Tassen und Gläser wusch und nie vor Mitternacht zu Bett ging. Gäste, die kamen und gingen, und einen Gast, der immer wieder kam und von kleinen Schlucken Bitterkeit lebte.
In Rom habe ich die großen Villen gesehen, mit natürlichen Pinien und Zedern, auch Buchs, zu Phantasiegetier geschnitten. Auf dem Kapitol den Lorbeerbaum und das verräterische wilde Gras im Forum, und gehört habe ich, wenn das Gras über die verschlagenen Säulen und zerbrochenen Mauern in der Dämmerung herfiel, den Lärm der Stadt, täuschend fern und sanft das Gleiten der Autos.
Ich sah, wo Roms Straßen ausfallen, den triumphalen Himmel in die Stadt einziehen, der sich unter kein Tor bückte und über die sieben Hügel verbreitete, blau nach Raubzügen an den Küsten Siziliens und voll von den Inselfrüchten des Tyrrhenischen Meers, unverwundet nach Überfällen ins Brigantenland der Abruzzen und schwarz von Schwalbentrauben, über den Apennin gerettet. Ich sah den gelobten Himmel aus Hermelin und den armseligen Himmel aus Sackleinwand, und ich sah in seinen größten Momenten seine Hand gelassen den goldenen Schnitt über den Dächern ausführen.
Daß jeder sich sein Haus baut, wie es ihm gefällt, habe ich oft gesehen, und daß kein Plan besser eins ans andre fügt als Zufall und der Geschmack am Einzelnen. Aber kein Geschmack reicht aus, die Abstände zu schaffen, einsame Felder für Sonne und Schatten, und kein Zufall löst die Gleichung, in der die Schwere einer Mauer die Gewichtlo-

sigkeit eines Turms ausdrückt. In alter Leinwand stecken die Häuser; vertrocknet sind die Farben darauf. Erst wenn Licht in den porösen Stoff eindringt, erscheint die Farbe, die wir sehen; ein zu jeder Verwandlung fähiges Braun.

In Rom sah ich, daß alles einen Namen hat und man die Namen kennen muß. Selbst Dinge wollen gerufen werden. Der Ludovisische Thron ist nicht mit dem letzten Gekrönten gefallen. Säulen sind vom Tempel der Venus stehen geblieben – von diesem Tempel und keinem anderen. Der Kopf der heiligen Agnes ist geschrumpft, aber nicht zu dem einer Lederpuppe geworden. Nach vielen Päpsten wird dieser Papst in der Sänfte getragen, und der Segen gilt urbi et orbi. Die Geschlechter heißen: Corsini und Pignatelli, Ruspoli und Odescalchi, Farnese und Barberini, Aldobrandini ... Sie heißen noch so, wenn in einem Campagnaschloß die Obdachlosen ihre Eisenbetten aufstellen und ihre Wasserbehälter auf den Sarkophagen stapeln. Der Letzte der Familie ist längst weggezogen. In der Stadt sind seine Zimmer mit schwarzem Brokat ausgeschlagen; auf einem schwarzen Flügel spielt er blaublütige Chansons. Wenn er seinen Namen hört, erschrickt er. Anders war das Tier, das nicht vom Fleisch nahm, sondern in seinem Fleisch die Nahrung für eine Geschichte erzeugte, der es voranging: die Wölfin.

Ich sah, daß wer »Rom« sagt, noch die Welt nennt und der Schlüssel der Kraft vier Buchstaben sind. S.P.Q.R. Wer die Formel hat, kann die Bücher zuschlagen. Er kann sie ablesen von dem Wappenschild der vorüberfahrenden Autobusse, von der Platte eines Kanaleinstiegs. Sie ist der Ausweis der Brunnen und der besteuerten Getränke; das Zeichen der einzigen Hoheit, die ohne Unterbrechung die Stadt regierte.

Auf dem Bahnhof Termini sah ich, daß in Rom die Abschiede leichter genommen werden als anderswo. Denn die fortfahren, lassen denen, die bleiben, einen Gepäckschein auf Sehnsucht zurück. An den Bahnhof grenzt ja ein Rest der Diokletiansmauer, und gegen die neue schwebende Glaswand gestochen erscheinen drei Zypressen in einer unmißverständlichen Schrift. Das Klassische ist das Einfachste, und alte und neue Texte vertreten es gleich gut.

Wer ein Geldstück in die Fontana di Trevi wirft, um wiederzukommen, fürchtet, es könnte nicht angenommen werden. Aber er kann getrost sein. Nachts setzt sich ein Junge auf den Brunnenrand und pfeift, lockt die andern hervor. Wenn alle sich versammelt haben, legt der Junge die Kleider ab und steigt lässig ins Wasser. Mond belichtet die Szene, während er sich fröstelnd bückt und die Münzen einsammelt. Am Ende pfeift er wieder, und in seinen Händen verschmelzen alle Währungen zu Silber. Die Beute ist unteilbar unter dem Mond, denn der Junge hat das Aussehen eines Gottes gegenüber den andern, die ihre Gestalten billigen Anzügen verdanken.

Schwer zu sehen ist, was unter der Erde liegt: Wasserstätten und Todesstätten. Treppen führen hinunter zu Zisternen, die der Wind ausgetrunken hat, zu Brunnenhäusern, von Kragstein überwölbt und in weichen Tuff gehöhlt, zu Blutstropfen, die Quellen auslösten. Die Wege senken sich in die Katakomben. Ein Zündholz wird angeritzt. Seine Flamme dehnt sich nach den Sinnbildern. Für einen Augenblick erscheinen: Fisch, Pfau und Taube, Anker und Kreuz, Speise und Trank. Das Zündholz erlischt rasch, und die vor dir gehen, drängen nach oben. In der Kurve bleibt einer stehen und fragt: Woher weht der Wind?

Wenn mir Hören und Sehen verging in Rom, kam der Schirokko und hatte über den Adlerwind aus den Bergen gewonnen. Die Sonne trug dann ein Hemd und leuchtete in falschem Licht. Es ist die Zeit, in der die Unglücke zunehmen und ein liebloses Wort leicht gesprochen wird. Denn der warme Wind greift zurück auf die Wüste. Manchmal läßt er's wissen, streut roten Sand über die er-

schlaffte Stadt und haucht sie an, daß sie besinnungslos wird. Wenn der Schirokko geht, tut er's heimlich und mitten in der Nacht, während wir vergeßlich schlafen. Aber morgens, gegen drei, fällt Tau. Wer da wach liegen und seine Lippen feuchten könnte!
In Rom habe ich in der Früh vom Protestantischen Friedhof zum Testaccio hinübergesehen und meinen Kummer dazugeworfen. Wer sich abmüht, die Erde aufzukratzen, findet den der andern darunter. Für den Friedhof, der an der Aurelianischen Mauer Schatten sucht, sind die Scherben auf dem Testaccio nicht gezählt, aber gering. Er hält sich eine große Wolke wie eine Muschel ans Ohr und hört nur mehr einen Ton. In den sind eingegangen: »One whose name was writ in water«, und neben Keats' Versen eine Handvoll Verse von Shelley. Von Humboldts kleinem Sohn, der am Sumpffieber starb, kein Wort. Und von August von Goethe auch kein Wort. Von den stummen Malern Karstens und Marées sind einige Linien geblieben, ein Farbfleck, ein wissendes Blau. Von den anderen Stummen wußte man nie etwas.
In Rom freilich habe ich gehört, daß mancher das Brot hat, aber nicht die Zähne, und daß die Fliegen auf die mageren Pferde gehen. Daß dem einen viel und dem anderen nichts geschenkt ist; daß, wer zuviel zieht, zerreißt und nur eine feste Säule das Haus hundert Jahre aufrecht hält. Ich hörte, daß es in der Welt mehr Zeit als Verstand gibt, aber daß uns die Augen zum Sehen gegeben sind.

Die blinden Passagiere

Auf allen Flugplätzen sind feine Musiken aus Spieldosen zu hören, auch Kuckucksuhren und die schadhaften Töne aus den Kassetten, auf denen sich winzige Puppen, die aus dem Takt gekommen sind, ruckartig im Kreis bewegen. Auf allen Flugplätzen gibt es einen Bazar mit exzentrischen Schals, Ohrringe, an denen Elefanten hängen, und Broschen, in die Buddhas ziseliert sind; aber das merkt man erst, wenn man mehrere Flughäfen kennt und viel Zeit in den Wartesälen zugebracht hat. Nur das Spieldosenlied geht gleich ins Ohr. Es folgt dem Passagier, der über das Flugfeld auf seine Maschine zugeht, und es kommt ihm, wenn er den Clipper auf dem nächsten Flugplatz verläßt, eine ähnliche Melodie entgegen, die ihn glauben macht, er habe die erste behalten.

Als ich zum erstenmal fliegen sollte, ließ ich alle meine Freunde zu Hause, obwohl ich ihnen gern gewunken hätte. Es war an einem morgendlichen Tag, an dem man Augen für alles hat. Ich stieg auf die Terrasse des Fluggebäudes und suchte mir eine schneeweiße Maschine aus, mit frischgewaschenen Flügeln und roten Kennzeichen drauf, und ich hätte sie gegen keine andere eintauschen mögen. Die Luft war champagnerfarben, und der Knall, mit dem der Pfropfen Nacht hinaufgesprungen war, hing noch in der Stille. Ich fuhr mit meiner Hand durch das prickelnde Element und ich hätte die Maschine – wäre sie nicht so weit draußen gestanden – in meiner Freude besprengt und ihr einen Namen gegeben.

Die Flughäfen liegen außerhalb der Städte, wo es viel Luft gibt, immer Wind geht und niemand im Wege ist. Sie sind die Knoten in einem Verkehrsnetz, das die Welt nicht be-

rührt. Von den Menschen, die Flugplätze beleben, gehören nicht wenige zum Personal, über das man alles Wissenswerte in Fachbüchern nachlesen sollte. Denn man kommt nicht in Berührung mit den tapferen Piloten, den verläßlichen Co-Piloten, Anfluglotsen und Kontrollbeamten, und die Zurückhaltung der schönen Stewardessen ist sprichwörtlich. In der Überzahl sind jedoch die Passagiere auf den Flughäfen, die stillsten und geduldigsten Reisenden, die es je gegeben hat. Trotzdem redet man ihnen in vielen Sprachen zu, und keiner läßt verlauten, daß er die Fahrpläne gelesen und sich mit der Abfahrtszeit abgefunden hat.
Auf meine Weise war ich auch still, und meine Geduld kam nicht von ungefähr. Ich hatte kein Gepäck mehr bei mir, als ich durch den Lautsprecher erfuhr, daß die beiden Damen, die neben mir an der Bar standen und einen Martini bestellt hatten, Miß Carter und Miß Herman waren. Sie wurden zum Zoll gerufen, und sie gingen ohne Zögern. Ihren Martini trank niemand. Der Barmann stellte ihn verstohlen unter die Theke; später schüttete er ihn in die Flasche zurück. Ich entdeckte die beiden Damen wieder, als ich angeschnallt in der Maschine saß. Sie hatten hinter mir Platz gefunden, tauchten ihre Köpfe in illustrierte Zeitungen und schienen keines Vergehens fähig.
Ehe die Passagiere auf das Flugfeld gehen, lassen sie wie ein Mann die Zigaretten fallen und zertreten sie. Sie stapfen durch den Wind hinter einer Stewardeß her, ziehen einer nach dem andern auf der letzten Stufe der Landungstreppe den Kopf ein und verschwinden in der Kabine. Drinnen machen sie einmal fest die Augen zu, um sich an das dämmrige Licht zu gewöhnen, und suchen rasch und unauffällig nach dem besten Platz. Dann nehmen sie die Zeit, die ihnen bleibt, wahr, um ihre Mäntel säuberlich auf einen Haken zu hängen, die Gurte über dem Bauch zu verschränken und ein Bonbon von dem Tablett zu nehmen, das herumgereicht wird.

Ich wußte nicht, welcher Platz der beste in einem Flugzeug sei. Ich ging nach vorn bis zur Tür, die zur Kanzel führt, weil man dort dem Piloten näher ist, und unsicher wieder zurück, weil die meisten Passagiere die hinteren Plätze einnahmen. Ich sank nieder, wo man durch das Fenster eine Tragfläche aus dem Rumpf wachsen sehen kann, aber ich fragte die Stewardeß doch, ob es ein guter Platz sei. Sie sagte sehr freundlich: »Beruhigen Sie sich. Es ist ein sehr guter Platz.«

Ein Flugzeug muß viel Kraft aufwenden, um von der Stelle zu kommen. Es strengt sich an, damit es leicht werden und schweben kann. Wenn es in die Startbahn einschwenkt und fährt, ist noch nicht alles getan. Es muß noch einmal stehenbleiben, eh es zum Absprung ansetzt. Die Motoren gehen schon schneller, die Maschine bebt und wird von einer Wildheit erfaßt, als wollte sie bersten, die mit silbernen Nägeln vernähten Teile absprengen, die Eingeweide unter Flammen ausspucken – als wollte sie sich selbst vernichten und an Ort und Stelle in die Erde oder zur Hölle fahren. Ein Flugzeug, das sich so weit vorgewagt hat, wird nicht mehr zu halten sein.

Ich saß und wartete, hingegeben an den Lärm, bis die Maschine wieder über die Piste zu laufen begann und eine Stimme mir sagte: Jetzt und jetzt und jetzt! Als die Stimme erstickte, verstummten die Motoren, und die Maschine verlor den Boden unter den Rädern. Denn sie war ein Zeug zum Fliegen und folgte ihrer Bestimmung. Ich hielt mich mit den Augen an einem Flügel fest, einem glänzenden Balken, der nichts stützte und von nichts gestützt wurde. Ich sah den ersten Weg unten, die ersten Bäume unten, ein Haus unten. Ich war oben, und ich dachte: Ich wüßte nicht! Ich wüßte nicht, warum ich jetzt nicht bald das Meer sehen sollte, ganz tief unten!

Wenn das Flugzeug sich überwunden hat, kehrt es in die Luft ein. Die Passagiere lesen oder versuchen zu schlafen.

Selten schaut einer zum Fenster hinaus, und wenn, dann tut er es mit einem Blick, der sagt: Ach, erst Blumenstraße ... Die Passagiere fliegen nicht; sie bewegen sich fort und machen es sich bequem, obwohl sie es sehr eilig haben. Sie blinzeln müde auf die Mahlzeiten, die man auf den kleinen Polstern auf ihren Knien abstellt, und halten das Besteck in schlaffen Händen. Immer ist einer dabei, dem ein Stück Fisch oder ein Hühnerbein an die Brust fliegt. Und immer hört einer zu essen auf und blickt verstört vor sich hin, weil ihm die Luft nicht bekommt, nach der ihn oft gehungert hat.

Das Positionsblatt wurde herumgereicht und blieb bei mir liegen, weil keiner es sehen wollte. Und doch stand darauf: Position Lugano, 220 kts, 225 mph, 410 km/h, 5050 Höhe, 13 h. Ich las es und verglich es: mit den Schluchten, die ich sah, mit dunklen Flüssen im Alpenschnee, mit Wolken, die meinen Blick verstellten auf einen Berg, der St. Gotthard heißt, einen anderen Berg mit einem Heiligennamen und alles, was Namen hat.

Die Zeit wird über den Räumen zusammengezogen. Zwei Häuser können eine Stunde weit voneinander entfernt sein, aber auch zwei Länder, ein Meer und ein anderes Meer. Nur die Abstände bleiben dieselben. Sonst müßte wohl ein rascher Schritt auf einen anderen Menschen zu mich ihm näherbringen. »Ich bin dir noch nie näher gewesen als in dieser Nacht, in einem Dorf, das ich weiß nicht wo liegt, während der Bursche die Gitarre schlug«, schrieb sie und seufzte, denn es war schon nicht mehr wahr und war vielleicht nie wahr gewesen. »Ich stand neben ihr und wollte meine Hand nach ihr ausstrecken, als sie mit einer Bewegung entrückte. Ich meinte, die Gletscher begännen zu wachsen, weil sie diese Bewegung machte, und sie atmete wahrhaftig Eisnadeln aus und warf ein Taschentuch voll Hagel aus ihrer Schürze«, schrieb er an einen Freund, und es war kein Wort wahr; sie war vor ihm gestanden, und es war ihm etwas in den Sinn gekommen. Nichts weiter.

Ich hörte den Herrn, der neben mir saß, mit dem Kind auf der anderen Seite sprechen. Der Gang lief zwischen den beiden durch, aber der Herr griff jetzt mit der Hand hinüber, nach der Lehne des Sessels, in dem der Junge saß. Das Kind fragte: »Wie aber sah das Ding aus? Wie ein Vogel?« Der Herr, den ich für den Vater hielt, sagte: »Er band sich Wachsschwingen an die Schultern. Da mag er wohl wie ein Vogel ausgesehen haben.« Das Kind: »Oh! Wie ein Engel!« Der Vater: »Engel haben keine Wachsflügel.« Das Kind: »Er flog?« Der Vater: »Über das Meer.« Das Kind: »Und?« Der Vater: »Die Flügel schmolzen in der Sonne.« Pause. Der Vater: »Er wollte eben fliegen.« Das Kind: »Wie konnte er nur! Ein Herz ist kein Motor. Hast du schon ein Herz dröhnen gehört?« Der Vater: »Nein.« Pause. Der Vater, sich verbessernd: »Ja. Manchmal habe ich es dröhnen gehört.« Das Kind, mißtrauisch: »Wenn du geflogen bist?« Der Vater: »Ja.«

Es sieht nicht aus, als ob es rasch ginge, aber es geht rasch. Wollte einer aufschreiben, was er sieht, nähme es sich so aus: 14 h – die Wolken, denen wir entgegenfliegen, fliegen jetzt uns entgegen. Es sind reißende, scharfzüngige Wesen. Das Motorengeräusch schlägt einen schärferen Ton an. Aber wer kennt sich schon mit Geräuschen aus? 14 h 02 – das Wolkentreiben wird heftiger. Oben muß Sonne sein, denn es ist noch ein wenig hell, trotz allem. 14 h 05 – die Fahrbahn ist ein flaumiges Wolkenfeld, und über immer größere, reifere Wolken geht es weiter. Denn die Sonne – die feurigste, mitreißendste, die es je gegeben hat – hat ihren großen Auftritt gehabt. 14 h 08 – die Sonne ist verschwunden. Schwarzer Wind und graue Wolken, und unten Wolken, finstren Grimassen gleich. 14 h 12 – die Leuchtschriften erscheinen neben der Tür, die zur Kanzel führt. *Fasten your belts! No smoking!*

In der Sprache des Flugzeugs nimmt sich das anders aus. Es zieht über eine Luftstraße, und die Farben, das Hell und das Dunkel, kennt es nicht. Es hebt und senkt sich, verlagert sich, gehorcht dem Druck einer Taste, zeigt an und führt aus. Es ist eine Geste gegen ein Element, in dem niemand zu Hause ist. Gehört doch auch das Getier, das wir der Luft bestimmt glauben, zur Erde. Dort hat es seine Äste und Nester und dorthin kehrt es im Tod zurück. So läßt die Erde die Fliegenden nicht los, sie fordert sie heim, und die Fliegenden gehorchen ihr, lebendig oder tot. Aber sie dürfen Atem holen oben und die Sohlen auf die Wolken setzen, wenn ihnen die Luft unten zu knapp wird.

Auf dem nächsten Flugplatz bekam ich die Haare voll Schnee. Denn die Wetterschirme, die auf dem ersten sonnigen Flugplatz zu Dutzenden herumlagen, gab es hier nicht. Ich sah, daß Miß Carter und Miß Herman sich mit den Spieldosen eingelassen hatten, eine nach der anderen prüften und lächelnd lauschten; aber ehe sie mit dem Verkäufer handelseins geworden waren, mußten sie weiter. Vater und Sohn saßen am Nebentisch und blickten durch die flockenverschmierten Fenster. Das Kind griff sich in den Mund, zog einen Kaugummi zwischen den Zähnen hervor, einen langen, langen Faden, den es zurückschnellen lassen wollte; er wurde zu lang, verfing sich und blieb an einem Mantelknopf kleben.

Wenn man lange auf einen Anschluß wartet, vergißt man, woher man kommt und wohin man geht. Denn die Ausgänge sind verschlossen für die Durchreisenden, und nichts läßt darauf schließen, wo die Stadt, zu der der Hafen gehört, liegt. Die Quarantäne ist streng. Sie schließt auch Jahreszeiten aus. Es gibt warme und kalte Flughäfen, solche, auf denen es immer regnet, und ein paar Stunden weiter andere, von Palmen beschattet, von Sand und Salz bedeckt und von der Sonne verbrannt. Und es gibt die feine

Musik und die unmerkbare Verführung, die sie übt, wo die Welt ausbleibt.

Die alte Dame fixierte mich zwei- oder dreimal und wandte sich dann errötend an ihren Nachbarn, der fortwährend die Finger spreizte und schließlich die Nelke in seinem Knopfloch zu zerpflücken begann. »Es war atemberaubend«, sagte sie, »und eben hier. Wir hatten ein direktes Flugzeug, aber nach eineinhalb Stunden hörte ich das Geräusch – ein wirbliges, unüberhörbares, leises Geräusch. Natürlich kenne ich mich nicht aus mit Geräuschen, aber wir gingen hier nieder, und man bat uns, fünf Minuten zu warten.« Die Altdamenstimme vibrierte, und der Herr mit der Nelke nickte zerstreut. Später sprach er: »Es war die Rede von schweren Gewittern, die wir natürlich nicht sahen. Wir wurden in die Stadt gefahren, als Gäste der Fluggesellschaft. Wir waren ohnmächtig! Zwanzig Leute an vier Tischen, und man mußte alle Telegramme aufgeben, rasch essen und Noctal kaufen, mit dem man wirklich wundervoll schläft; allerdings war kein Platz zum Schlafen da, und ich war einfach fertig und kam einen ganzen Tag später an.« Die Altdamenaugen blickten spöttisch und suchten mein Einverständnis; die Spannung in ihnen war erloschen. Der Schnee trieb einer frühen Nacht zu, als die Sperre geöffnet wurde, und ich hatte wenig Hoffnung, einen guten Platz zu bekommen. Ich saß mitten unter den Passagieren im Abendblätterwald und wehrte mich gegen die erste Müdigkeit.

Wenn es dunkel ist, spürt man besser, daß die Luft Löcher hat. Das Flugzeug rutscht manchmal in sie hinein, und wer die Kraft hat, sich etwas vorzustellen von dem Draußen, tappt mit durch das Dunkel, mit der alten Kinderängstlichkeit, eine Treppe hinauf, von der man nicht weiß, wo sie endet. Man wird plötzlich auf der Stelle treten und dann erst das Gefühl haben, abzustürzen. Aber die Nacht streicht ruhig an die Fenster, und es gibt Notausgänge mit

Schnallen, die in festes Glas verpackt sind. Wenn einer es zerschlüge und in die Nacht hinausträte? Doch die Maschine fliegt über einer Tiefebene nur 2000 Meter hoch, und in dieser Höhe sind die Wolken noch verständnislos.
Der Co-Pilot kam von vorn und wandte sich flüsternd an die Stewardeß. Unsere Neugierde erwachte für einen Augenblick, denn wir wußten, daß er Maos hieß und sie Mlle. Baumann war. Beider Namen waren auf dem Positionsblatt gestanden. Ihr fiel das Paket Zigaretten, das sie ihm reichte, aus der Hand, und er bückte sich. Da glitt ihm aus dem Kragen eine dünne silberne Halskette mit einem Medaillon, um das er rasch die Hand schloß. Als sich die Kette in seiner Hand gesammelt hatte, steckte er sie zurück und ging, ohne rechts und links zu schauen, wieder in die Kanzel zurück.
Denn die Madonna von Loreto beschützt alle, die fliegen. Sie weiß, wie ihnen zumute ist. Haben doch die Engel ihr Haus aus Nazareth in die Luft entführt, übers Meer getragen und in einem Dorf in Illyrien niedergestellt, das sie nicht kannte. Kein Stein ging dabei verloren, und das Dach blieb heil. Nach drei Jahren kamen die Engel wieder, flogen das Haus noch einmal weiter und gingen damit in Loreto nieder. Dort steht es in einem kostbaren Hangar, aber wenn der Wind schärfer wird, kann eine Säule fallen und das Haus die Luft wiederkosten. Das Gesicht der Madonna von Loreto ist schwarz – ein nachttrunkenes Gesicht, das den Himmel berührt hat, wo er am dunkelsten ist.
Wenn die Maschine kerzengerade fliegt, scheint sie zu stehen. Es gibt ja keine Vergleichsmöglichkeiten, wenn unten nichts ist und oben etwas ohne sichtbaren Bezug. Erst wenn der Mond aufgegangen ist und sie begleitet, täuscht sie uns nicht länger. Fremd und schön, in seinem Licht, geht dann auch die Erde auf, uns erinnernd, daß sie ein Stern unter Sternen ist. Die nächste Täuschung kommt der Wahrheit nahe. Eine Tragfläche sinkt so stark, daß sie eine

runde Welt berührt. Man wird nur dieses eine und einzige Mal sehen, daß die Welt rund ist. Später wird man dem Flügel die Schuld geben.
Die Passagiere erinnern sich nicht. Sie fliegen für gutes Geld, und solang das Essen an Bord nicht ausgeht und das Benzinreservoir groß ist, gehen ihre Gedanken sicher in die Zukunft. Auch ist meistens ein Neger unter den Gästen oder ein ganz kleines Kind, das leise weint und von der Stewardeß in einer eigenen Koje hinten gepflegt wird. Sind in einem Flugzeug ein Neger und ein Kind, so wächst das Sicherheitsgefühl, und ein stärkendes Wohlwollen der Menschheit gegenüber breitet sich aus. Die Fluggesellschaften brauchen für Maskotten nicht zu sorgen.
In der Nacht erscheinen, näher und näher kommend, Lichter, die sich zu Ketten formieren. Als machte die Welt sich ein Fest daraus, die Abenteurer wieder aufzunehmen. Die Maschine muß zuletzt über Hürden aus roten Lichtern springen, und sie nimmt sie alle. Sie setzt auf, leicht und federnd, und nur ihre Propeller schlagen noch im Dunkeln um sich. Sie läuft, wie es ihr vorgeschrieben ist, von den Lichtgarben des Leuchtturms erfaßt, und hält auf ein Signal. Die Passagiere lockern die Gurte, schlüpfen stumm in ihre Mäntel und stecken die Zeitungen weg. Sich selbst überlassen, gehen sie über das Feld, erschöpft, aber wie Genesende, die eine Krankheit abschütteln im Wind. An der Sperre stehen ihre Angehörigen mit den Gesichtern von enttäuschten Hinterbliebenen – als bedauerten sie, daß der Flug gut war, und man wird ihnen noch oft erzählen müssen, daß es kein guter Flug war.
Als ich, ein paar Monate später, wieder fliegen mußte, wartete ich am Ausgang, weil mein Flug schon ausgerufen war. Ich hatte die Morgenzeitung aufgeschlagen, obwohl es beschwerlich war, im Stehen zu lesen. Aber es war besser, als nur zu stehen. Endlich wurde die Sperre geöffnet; ich ließ meine Zigarette fallen und zertrat sie. Ich schaute

auf und in das bestürzte Gesicht eines jungen Mannes, der neben mir stand. Aber er sah gleich wieder weg und hinaus auf das Flugfeld, mit weitgeöffneten Augen, und wenn er nicht schon zwanzig Jahre alt gewesen wäre und wenn nicht so viel andre vor und hinter ihm gegangen wären, hätte er jetzt seine Hände auf sein Herz gepreßt und in den Wind geschrien: Ich wüßte nicht! Ich wüßte nicht, warum ich nicht noch heute fliegen sollte!

Die wunderliche Musik

Vorbereitungen

In der Arena wird auf die Raubtiere gewartet, aber herein kommen Trompeten, von einer unsichtbaren Elefantenhorde hochgehalten, die bescheiden auf die hintersten Plätze geht. Die Palmen, die man in allen Gängen des Konzerthauses in die Kübel gezwängt hat, wollen ausbrechen, weil ein Geruch ihnen doch, was verborgen werden soll, verrät.
Viele Instrumente kommen aus den Wäldern; die Herkunft ist ihnen noch anzusehen an Haut, Darm und Holz. Die Schlagzeuge haben auf den Geröllhalden das Klingen gelernt, und das Blech ist in den Schmieden im Tönen und Schmettern unterwiesen worden. Aus einer rauhen, vorzeitlichen Gesellschaft sind sie mit der Zeit alle in die feinere des Publikums geraten.
Aber auch das Publikum ist einmal aus den Wäldern gekommen. Es klatscht in die Hände, erwartet den Bändiger der lauernden Zimbel und der vorpreschenden Pauken und gibt in Wahrheit den Auftakt zum Kampf. Es erinnert sich wieder: Musicam et circenses!
Die Musiker sind mit der Straßenbahn gekommen. Sie tragen einen Essigschwamm bei sich und pressen ihn, sooft sie sich unbemerkt glauben, auf die Stirn, die einen Abend lang feucht und heiß sein wird.
Im Theater am Abend zu spielen, ist schlimmer.
Jahrelang mit einem Instrument zurechtkommen wollen, ein Instrument gefügig machen und es dann in einen Raum hineintragen, der ein Grab tief unter dem Bretterboden liegt, auf dem, unter einem Vorwand, Sänger auftreten. Zu den Scheintoten gehören. Den Grabdeckel vorsichtig heben, um die Versammelten nicht zu früh zu erschrek-

ken. Nicht gleich ganz aus sich herausgehen. In der Hoffnung, Gehör zu finden, eine Vorbereitung wagen.
Die Instrumente stimmen.

Garderobe

An der Garderobe bringt das Publikum die Ohren in Ordnung und gibt das Gehör ab.

Zuhörer

Damen, die in Taft, und Damen, die in Brokat ausgestopft sind. Nackte Schultern, empfänglich für Musikkaskaden, von eifersüchtigen Bewundrern an Perlenketten gelegt, und unberührbare Schultern, von Schals verhüllt.
Die Herren mit erfrischten Gesichtern über zeremoniösen Anzügen. Schwarze wattierte Schultern, die ruhig die stärksten Orchesterstöße abzufangen vermögen.
Augengläser und Operngläser. Denn es soll hier etwas zu sehen geben.
Die Bereitschaft, einer Exekution mit sicherem Ausgang beizuwohnen, erwacht, wenn die Geiger den Violinhälsen die Schrauben ansetzen und die Saiten mit den Bögen anschleifen, bis sie zu winseln beginnen.
Der Jammer und das Wehklagen im Saal verwirren die Aufhorchenden; den Aufsehenden ist es eine Warnung, daß jede zweite Lampe an den Wänden erlischt.
Die Zuhörer zerstreuen sich, nehmen ihre Plätze ein und sammeln sich.
Wenn Ruhe eintritt, ist der Saal gleichmäßig von Köpfen gefurcht, und man kann in allen Reihen die Ohren der Zuhörer vor Neugierde wachsen sehen.

Ohren: schön gewundene Schneckenhäuser, in die Melodien sich zurückziehen möchten; Rasthäuser für Liebesworte in dieser Stunde der Dämmerung zwischen sechs und acht.

Ohren: fortstrebende, in der Zugluft schwingende große Flügel, die wegfliegen wollen.

Ohren: mit gekräuselten Muschelrändern und eingebauten Verzerrern. Laß nichts vor ihnen verlauten!

Ohren: mit langen Lappen für Ringe, die baumeln und klingeln; Zuträger harmloser Musikstücke von kurzer Dauer.

Ohren: taube, Geräuschfriedhöfe mit einem Eingang nur im November – für eine Klage, wenn Eis klirrt und das Käuzchen ruft.

Ohren: auf Anruf, auf Abruf.

Ohren: in Erregung, mit der Spur eines leichten Bisses, der den Hammer in Bewegung gebracht hat. O nichts mehr hören zu müssen! Und löscht alles Licht, denn auch mein Ohr will im Dunkeln liegen!

Ohren: rote, Meeresfrüchte aus der Tiefe ans Licht gezogen, verfärbt in der Welt ohne Wasserorgel und kühles Harmonium.

Ohren: neugierige, Türsteher zu beiden Seiten eines würdevollen Gesichts, die der auf- und abgehenden Fama lauschen.

Ohren: haarige, Löffel der Gejagten beim Hakenschlagen und auf der Flucht.

Ohren: auf Anstand, gespitzt und geschärft gehalten von Jägern.

Ohren: saubere und unsaubere.

Ohren: in die Welt der Gefahr getaucht. Registratoren von Schüssen und Einschlägen und dem Rascheln des Papiers auf einer nicht zugänglichen Konferenz.

Ohren: kindliche und greise, in denen sich die ersten und letzten Laute selig wiederholen, bis sie behalten werden.

Ohren: schimmernde, aus Emaille, für die Schallgrenzen geschaffen, die Sternschrei und Pflanzengeflüster erreichen.

Dirigenten

Viel müssen die Dirigenten auf ihr Gewissen nehmen. Sie sind nicht nur dazu da, um den Takt zu schlagen. Das ganze Orchester sieht ja auf sie und folgt ihren Weisungen. Wo der Mann im Frack hinnickt, hört eine Violine zu spielen auf; wenn er ein Augenlid senkt, setzen die Klarinetten ein, und die Hörner, die zum Küssen da sind, öffnen den Mund, wenn er den Mund öffnet.

Es gibt einen Dirigenten, der die Musik so gut im Kopf hat, daß er die Augen schließen kann, wenn sie beginnt. Er führt sie mit sicheren Händen durchs Dunkel und öffnet die Augen erst wieder, wenn es allen Instrumenten zu bunt geworden ist – ganz erstaunt über den Lärm, den ein Fortissimo hervorruft.

Ein andrer Dirigent benützt einen Stab. Er gebraucht ihn wie ein Messer, erst ordentlich und präzis und schließlich mit einem Zorn und in einem Blutrausch, der das Publikum fürchten macht, die Musik werde am Ende kurz und klein gehackt aus dem Saal getragen werden müssen.

Einen Dirigenten gibt es, der wegen der Musik fast außer sich gerät. Er rennt mit Knien, Ellenbogen und Schultern gegen die Nähte seines Anzugs an. Er läßt es auf die Zerreißprobe ankommen, nach den vielen Zerreißproben, die ihm das Orchester vorher zumutete. (Er hat die Namen aller Musiker auswendig gelernt, um sich der Widerspenstigkeit der einzelnen besser erwehren zu können; aber jetzt ist es zu spät, und er kann den Mann mit der Bratsche nicht durch einen Anruf mitreißen.)

Ein Dirigent läßt den Musikern vorher heimlich falsche Noten in die Partituren schreiben, damit er abwinken und sie verbessern kann. Denn auch er hat nur zwei Ohren und muß vorgeben, mit zwanzig zu hören.

Ein Dirigent ist als Magier am Werk. Er hält seine Hände beschwörend hoch, bis die Musik wetterleuchtet und donnert. Und im Handumdrehen macht er sie wieder verschwinden. Er erweckt gerne den Eindruck, daß er selbst die vielen niederpurzelnden Klänge aus dem Ärmel schüttle und dann durch den zu einer stummen Zauberformel bewegten Mund verschlucke. Dem Publikum will schon der Atem stehen bleiben, aber in diesem Augenblick wird der Saal hell und kalt. Alle stehen auf, klatschen kurz in die Hände, und wieder ist ein Konzert zu Ende.

Einem sehr ehrwürdigen Dirigenten hatte man nur einmal etwas vorzuwerfen. Das war, als man bemerkte, daß er seine liebsten Stücke von Mal zu Mal langsamer spielen ließ. Aber er war schon alt und der Musik gegenüber immer schwächer geworden. »Viel zu schön, um rascher gespielt zu werden«, sagte er.

Einen Dirigenten gibt es, der so berühmt ist, daß er es wagen kann, auszuführen, was in der Partitur steht. Er verlangt, daß die Instrumente blitzen, daß die Musiker exerzieren und sich vor der Musik in den Staub werfen, die er ihren Feldherrn nennt. Wenn ein Ton zu locker sitzt, rennt er fluchend und tobend auf und ab und brüllt: »Ihr Eselsköpfe! Ihr Himmelshunde!« Der Dolmetscher übersetzt nur die Hälfte. Aber da ist schon eine Flöte auf seinem Kopf zerbrochen, und er braucht nicht mehr weiterzureden, weil der Dirigent wieder brüllt. »Euer Gott ist einen Dreck wert!« Und: »Mein Gott ist alright!« – weil einige der Musiker nur englisch sprechen und weinen. Dann weint auch er und wünscht sich noch eine Probe. Die letzte Probe besteht er mit allen Musikern gemeinsam vor seinem Gott, den er auch zu dem ihren gemacht hat.

Sänger

Geglaubt werden ihnen nur die Töne. Ihre nachdrücklichen Schritte, ihre monströsen Handlungen, ihr Lächeln, ihre Gefühle nicht. Am allerwenigsten die Worte, die sie zerdehnen und raffen nach Belieben, im Legato, im Tremolo, im Triller.

Den Zuhörer bringen sie um die Fassung, sich selbst um das Vertrauen in ihre Kostüme, in die sie mit dieser körperlosen Stimme nicht schlüpfen können.

Angebetete Sänger! Verurteilt zu einem programmatischen Leben in den Metropolen und Provinzen der Musik; vom Applaus geschwellt die Stimmbänder; von Pfiffen gelähmt die Zungen; jedem Luftzug ausgesetzte Helden und Bösewichte; von jedem Rachenbelag zur Liebe unfähig gemachte Hochdramatische und Soubretten!

Für ein Lied geliebte und für ein Lied verstoßene Sänger . . .!

Einmal werden sie sich in Goldammern verwandeln und sich den überflüssigen Ballast ihrer Körper und Hirne unter die Federn stecken.

Ballett

Die Choreographie lenkt davon ab zu hören, daß im Ballett die Musik mit Füßen getreten wird. Aber die Tänzer haben keine Wahl; sie dürfen nur die Musik und nicht die Erde berühren.

Sie überwinden die Welt und ersetzen sie durch das Dekor, vor dem ihre Posen durch keine Natur Lügen gestraft werden können.
Die Tänzer umarmen die Tänzerinnen nicht. Sie setzen jede Geste absolut, weil sie mit ihrem Körper Kunst machen. Aus allen Bezügen getreten, erscheinen sie – die Lokken und das Lächeln drapiert, archaisch die Mimik, die Körper betont in den schwarzen Trikots. Nachdem sie den Auftakt versäumt haben, stoßen sie ab, springen, schweben und treffen auf einem Akkord auf, den sie in einer Pirouette zerwirbeln. Einen Augenblick lang sind sie, in einem, die Last und jene, die sie abwerfen.
In der Mitte steht erstarrt die Tänzerin, der exakte Traum ihrer selbst, in blendendem Weiß – auf einem Ton, der seinen Schmerz vergißt.
Der Tanz, von Prämissen der Selbstherrlichkeit abgeleitet, kennt nur ein Du: die Musik. Die Tanzenden sinken, wenn er zu Ende geht, auf ein Knie, berühren sie ekstatisch mit den Fingerspitzen und verbergen, zwischen den im Verlangen ausgestreckten Armen, das Gesicht, von dem jetzt, für niemand zu sehen, die Maske fällt.

Partituren

Zuerst ist das Notenpapier da mit den horizontalen Linien; fünf formieren sich zu einer Straße mit Wegweisern, Wegabschnitten, Halt- und Verbotstafeln und Warnungszeichen bei Geschwindigkeitsbeschränkung. Manchmal ist der Verkehr sehr dicht, und das Papier wogt von schwarzen Zeichen, braven Kolonnen und gewitzten Ausbrechern. Streckenweise ist es still und leer; nur die eine und andre Note hat sich verirrt, zu weit vorgewagt oder ist zu weit zurückgeblieben. Die Straßen verlaufen sich in einem andern Land.

Man könnte auch sagen: die Musik ist eine Sprache, der hier ein Schriftbild entsprechen will. Das Bild zeigt kleine Peitschen, breitgetretene Punkte, Schattenkringel und Striche, Stränge, an denen ein paar Punkte ziehen, und doppelt gesicherte Stränge, an denen viele Punkte, miteinander aufgehängt, zappeln.
Nach abgemachten, begreiflichen Regeln wird die Musik geschrieben, und nach einer unbegreiflichen Gemeinsamkeit der Struktur zwischen Zeichen und Ton kommt das Abgelesene zum Erklingen.
Das Schriftbild verrät uns wohl die Musik, aber nicht, was die Musik uns sagt. Wo wir die Bücher aufschlagen, lesen wir sie summend ab und nehmen die Hände zu Hilfe, um Bewegung und Rhythmus zu unterstreichen. Und doch verrät sie etwas nicht!
Die Musik bleibt unwirklich als Bild und vergeht in der Zeit, in der sie wirklich erklingt. Aber sie kann auch die Zeichen nicht stellen, wenn sie nicht schon erklungen ist vor einem inneren Ohr.
Sie tut einen lebendigen Sprung auf das Blatt, auf dem sie, festgehalten, zum Zeichen abstirbt, und sie tut einen tödlichen Sprung vom Papier ins Leben.

Alte Musik

Das Clavicembalo ist ausgereift. Du denkst an den Herbst in Burgund und seinen Wein mit dem Bodensatz des Sommers. Während du dich fragst, wie lange es dort wohl in der Sonne gestanden ist, wandert es tiefer in den Herbst hinein, in die strenge Kälte. Die Rabenfeder schlägt an, und das Eis bricht vom Himmel, der am Ende offen sein wird. Was geschieht, ist einfach. Die Stimmung, die Willkür, wird aufgegeben, und die Gesetze werden gefunden. Die Welt gerät zurück in die Fugen.

Weil es unter diesem Himmel nur die gleichbleibende Zahl von Tönen gibt und die Variation alles ist, bestehen Chaconne und Passacaglia darauf, das eine Thema in jeder Verwandlung hörbar zu machen.

Neue Musik

Unter dem besorgten Zuspruch der älteren Instrumente wächst das Vibrafon, das seine Geburt mit zerbrechlichem Quäken kundgab, heran.
Die neue Musik altert, wenn man sich an sie gewöhnt. Die Musik, an die niemand sich gewöhnen kann, wird vergessen. Denn ein Maß der von Menschen für Menschen gemachten Musik ist die Möglichkeit, erinnert zu werden. Die anderen Maße werden von Zeit zu Zeit verschieden an die Musik gelegt.
Über den Laufsteg der Konzertsäle werden die Kreationen jedes Frühlings und Herbstes getragen, die neuesten Modelle der Musik mit ihren empörenden oder farblosen Reizen. (Ein Defilee von Nummern, mit vom Metronom kontrollierten Schritten; nicht mehr unter den abgetragenen Namen »Serenada« und »Impromptu« präsentiert und ohne die bequeme Freiheit zu einem »Andante ma non troppo« und einem »Allegro assai«.)
Die Musikspione hören mit.
Eine Tonrüsche macht aufhorchen. Ein Pianoeffekt findet keinen Anklang. Ein faszinierender rhythmischer Zuschnitt wird Schule machen.
Die Urteile lauten: tragbar, untragbar . . .

Schwere und leichte Musik

Das Gewicht, das an der schweren Musik hängt, hat noch

niemand bestimmt. Sie muß, dieses unwägbaren Gewichts wegen, nicht schwerer zu spielen sein als die leichte Musik; auch nicht schwerer anzuhören. Aber sie verlangt, anders angehört zu werden, denn was sich an sie gehängt hat, ist nur wieder zu erfahren durch ein erfahrenes Gefühl.
Die Gefühle haben Wandergestalten. Sie ziehen von einer Brust in einen Klang – oder in ein Wort oder Bild – und nehmen wieder die erste Gestalt an in einer anderen Brust.
In der allerschwersten Musik trägt jeder Klang eine Schuld ab und erlöst das Gefühl von der traurigsten Gestalt. Es gibt nur wenig von ihr.
Die leichte Musik, von der es nie genug geben kann, ist raschlebig. Wie die Waren, an denen großer Bedarf ist, wird sie jedes Jahr in neuen Verpackungen und mit kleinen Änderungen geliefert. Jeder fängt sie im Vorübergehen auf, und viele tanzen paarweise zu ihr; sie ist für alles gut und manchmal auch zu gar nichts.
Es gibt Schlager, die über Nacht berühmt werden und vergessen von einem Tag zum andern, denn über Nacht muß immer etwas gegen die Stille gefunden werden, die im Nachrücken ist. Es gibt die wunderbaren Tangos und langsamen Walzer, bei denen man einander kennenlernt und bei denen man auseinandergeht. Aber noch viel öfter lernt man einander kennen, wenn kein Tango zur Stelle ist, und den wenigsten wird ein Walzer zum Abschied gespielt. Es gibt den heißen Jazz gegen den Winter und den kühlen gegen die unbändigen Sommer, und gegen die freien Abende des ganzen Jahres gibt es die Filmmusik, die den Totschlag an der Zeit untermalt.
Zuzeiten sind wir Dachbewohner und pfeifen von allen Dächern. In anderen Zeiten leben wir in Kellern und singen, um uns Mut zu machen und die Furcht im Dunkeln zu überwinden.
Wir brauchen Musik.
Das Gespenst ist die lautlose Welt.

Musikstädte

Einige unserer Städte werden vor anderen ausgezeichnet und Musikstädte genannt. Man muß sich darunter Städte vorstellen, in denen die viele dort erklungene und verklungene Musik Architektur geworden ist. Es sind Städte mit Dur- und Mollstraßen, Dreiviertel- und Vierviertelverkehr, Grünpausen, chromatischen Treppen, Parks voll Divertimenti und einem Himmel darüber, der eine unvergängliche Farbensinfonie ist.
In den Musikstädten wurden in vergangenen Zeiten kleinen Gräfinnen Sonaten gewidmet und von Bischöfen Messen in Auftrag gegeben. Heute noch spielen in den Cottages alle Damen Klavier; das Volk liebt die Oper und erfindet sich selbst die Lieder, die es, vor allem andern, zum Leben braucht. In diesen Städten stehen die Fenster nicht in der Erwartung offen, daß ein Blatt hereinfliegt, sondern daß von einem Notenpult eines hinausfliegt und daß die Koloratur, die ein Dienstmädchen als Tagwerk bewältigt, einen Fremden bezaubert stehen bleiben macht.
In diesen Musikstädten liebt man das Militär wegen der Platzmusik und die Bettler um der Gitarrenmusik willen, mit der sie auf ihre Not aufmerksam machen. Im Kleinen wie im Großen wird immerzu klingende Münze für die Musik ausgeworfen.
Die Einwohner der Musikstädte werden von zwei Parteien vertreten: von der Claque und der Anticlaque; und die Tauben und Schwerhörigen, die sich weder der rechten noch der linken Musik anschließen wollen, stellen die Anarchisten.
Die Musikstädte haben eine Saison wie Kurorte – die Musikwochen. In dieser Zeit wird für die vielen Tausenden, die dran gesunden wollen und die nicht in einer Musikstadt leben können, Musik ausgeschenkt.
Wer ständig in einer Musikstadt wohnt, freut sich auf das

Ende der Saison, weil dann alle unmusikalischen Menschen wieder fortfahren und die Zeit der Fingerübungen kommt.

Ein Blatt für Mozart

Zieh deine schönsten Kleider an; dein Sonntagskleid oder dein Totenhemd. Der Rasen ist frisch gemäht – nicht nur im Mirabell. Wenn du den Sonntag feierst oder dich zum Sterben niederlegst, laß die Streicher kommen, das Blech, das Holz und die Pauken. Du brauchst ihnen die Blätter nicht umzuwenden. Der Wind, den die Tiefebene eingelassen hat, wendet sie um. Du spürst, welcher Wind. Das große Spiel, das schon einmal gewonnen worden ist, beginnt wieder, wo die Hügel sich um den großen braunen Fluß mit seiner unverständlichen Sprache von Schöpfungstagen her lagern. Du ahnst, um welchen.

Du magst nur die Geschichten nicht mehr hören, in denen die Rede davon geht, daß schon einmal ein Engel auf die Erde gefallen ist. Denn die Harfen sind ihm nie lieb gewesen. (Aber, fragst du dich noch einmal, verriet er nicht mit seiner Abneigung seine Herkunft?)

Welchen Sinn hätten dann diese Geschichten noch?

»In seinem Taufschein wurde als letzter Vorname ›Theophilus‹ eingetragen.«

»Als Knabe wurde er ohnmächtig, wenn er Trompeten hörte.«

»Er schrieb, daß es keine rosigen Träume gebe.«

»Erinnre mich daran, sagte er, sich an die Schwester wendend, daß ich für das Horn etwas besonders Gutes schreibe.«

»Es war an einem naßkalten Dezembertag. Er konnte der Kaiserin nicht mehr um den Hals fliegen und sie küssen.

Er sagte: Bleib heute nacht bei mir und sieh mich sterben. Ich schmecke den Tod auf meiner Zunge.«
»Er konnte die Musik nicht vollenden und starb über dem Lacrimosa.«
Es sind aber die gefallenen Engel und die Menschen voll von dem gleichen Begehren, und die Musik ist von dieser Welt.
Die reinste, bitterlichste und süßeste Musik ist nur die vollkommene Variation über das von der Welt begrenzte, uns überlassene Thema.
Du hörst, über welches.

Musik

Was aber ist Musik?
Was ist dieser Klang, der dir Heimweh macht?
Wie kommt's, daß du in deinen Todesstunden wieder nach der Nachtigall rufst und dein Fieber wild aus der Kurve springt, damit du sie noch einmal im Baum sehen kannst, auf dem einzigen hellen Zweig in der Finsternis? Und die Nachtigall sagt: »Tränen haben deine Augen vergossen, als ich das erstemal sang!« So dankt sie dir noch, der du zu danken hast, denn sie vergißt es dir nie.
Du vernimmst ihr herrliches Wort und trägst ihr dein Herz an dafür. Sie legt es auf ihre Zunge, taucht es ins Naß und schickt es durch das dunkle Tor dem, der es öffnet, entgegen.
Was aber ist diese Musik, die dich freundlich und stark macht an allen Tagen? Wie kommt es, daß du wieder gerne ißt und trinkst wegen ihr und deinen Nächsten zum Freund gewinnst? Und was ist diese Musik, die dich zittern macht und dir den Atem nimmt, als wüßtest du deine Geliebte vor der Tür stehen und hörtest den Schlüssel schon sich drehen?

Was ist sie, über der dein Geist zusammensinkt, ausgebrannt und verascht nach so vielen Feuern, die an ihn gelegt wurden? Was ist dieses Entzücken und dieses Erschrecken, das ihm noch einmal bereitet wird? Der Vorhang brennt, geht auf vor der Stille, und eine menschliche Stimme ertönt: O Freude!
Was ist dieser Akkord, mit dem die wunderliche Musik Ernst macht und dich in die tragische Welt führt, und was ist seine Auflösung, mit der sie dich zurückholt in die Welt heiterer Genüsse? Was ist diese Kadenz, die ins Freie führt?!
Wovon glänzt dein Wesen, wenn die Musik zu Ende geht, und warum rührst du dich nicht? Was hat dich so gebeugt und was hat dich so erhoben?
Auf deinen Wangen stehen Rosen, aber dein Mund ist weiß geworden, als hätt' er Dornen zerdrückt. Dein Aug schwimmt, aber du schwenkst deine Wimpern nicht.
Was hörst du noch, weil du mich nicht hören kannst, wenn die Musik zu Ende ist?
Was ist es?!
Gib Antwort!
»Still!«
Das vergesse ich dir nie.

Musik und Dichtung

Über Musik, über Dichtung, über ihrer beider Wesen, muß man beiseite sprechen. Das vorlaute Reden darüber sollte aufhören, denn was, wenn nicht jede neue Hervorbringung, legte den wirklichen Wandel und das Unwandelbare dar. Aber manchmal mutmaßen wir, daß sich etwas von Grund auf ändern könnte, daß nichts beim Alten bleibt. Und dann haben wir ein Recht, zu rätseln, uns Verstörung anmerken zu lassen und, wenn wir abseits stehen, uns wieder einen Gedanken zu gestatten über Zusammenhänge.

Wir wissen nicht, was seit jeher und in jedem einzelnen Fall das eine Medium dazu bewogen hat, das andere zu wählen, warum eine Musik bestimmten Worten ein anderes Leben zu geben wünschte, aber es geschah immer und es geschieht, seltsam genug, heute noch, da die Künste auseinanderzutreten scheinen, sich wenig Blicke zuwerfen und nicht mehr in den alten Umarmungen liegen.

Wir haben ja aufgehört, nach »poetischen Inhalten« in der Musik zu suchen, nach »Wortmusik« in der Dichtung. Zwar sind beide Zeitkünste, aber wie verschieden wird in beiden gemessen: ungleich strenger in der Musik, ungleich unbefangener in der Sprache; die Dauer einer Silbe ist noch in den Ketten eines Metrums vage, unbestimmbar. Fürchtet daher vielleicht eine Musik, von der es heißt, daß sie nichts ausdrücke, ausdrücken wolle, und die Kommunion sucht, ohne sich gemein zu machen, an Reinheit zu verlieren in diesem Umgang? Mehr noch: fürchtet sie, die schon die Instrumente an die Grenzen der Spielbarkeit treibt, deren Eigentümlichkeiten neu behandelt oder sie abzuschütteln versucht, jedes Hemmnis wegwissen will und die auf der Suche nach Renaissance und einer neuen Unschuld ins Unbegrenzte blickt, daß sie sich mit einer verschuldeten Sprache der menschlichen Stimme überantworten muß? Denn die Eigentümlichkeit dieser Stimme, die so und so beschaffen ist, wird kein Fortschritt aus der Welt schaffen.

Den geistigen Ansprüchen der Musik scheint also die Sprache, den technischen die Stimme nicht gewachsen zu sein. Es sieht aus, als hätten die beiden Künste zum erstenmal einen Grund, auseinanderzugehen.

Das Wort, aus der Musik verbannt, würde sich abzufinden wissen. Wir, befaßt mit der Sprache, haben erfahren, was Sprachlosigkeit und Stummheit sind – unsre, wenn man so will, reinsten Zustände! –, und sind aus dem Niemandsland wiedergekehrt mit Sprache, die wir fortsetzen werden, solang Leben unsre Fortsetzung ist.

Aber müssen die Künste wirklich auseinandergehen in einem Augenblick, in dem jedes Verfehlen eine versäumte Rettung ist, jedes Verkennen von Geist in einem ähnlichen Geist die Todtraurigkeit befördert? Unser Bedürfnis nach Gesang ist da. Muß der Gesang zu Ende gehn?

Obwohl wir, wie nie zuvor, leicht geneigt sind, preiszugeben, uns abzufinden, behalten wir den Verdacht, daß eine Spur von der einen zur anderen Kunst führt. Es gibt ein Wort von Hölderlin, das heißt, daß der Geist sich nur rhythmisch ausdrücken könne. Musik und Dichtung haben nämlich eine Gangart des Geistes. Sie haben Rhythmus, in dem ersten, dem gestaltgebenden Sinn. Darum vermögen sie einander zu erkennen. Darum ist da eine Spur.

Und steht nicht an jeder Wegkehre der Musik auch eine neue Dichtung? Bringt nicht eine neue Nachbarschaft die neue Befeuerung? Die Worte suchen ja längst nicht mehr die Begleitung, die die Musik ihnen nicht geben kann. Nicht dekorative Umgebung aus Klang. Sondern Vereinigung. Den neuen Zustand, in dem sie ihre Eigenständigkeit opfern und eine neue Überzeugungskraft gewinnen

durch die Musik. Und die Musik sucht nicht mehr den belanglosen Text als Anlaß, sondern eine Sprache in harter Währung, einen Wert, an dem sie den ihren erproben wird.
Wie ein Stigma haftet darum die Musik den Dichtungen, zu denen sie Liebe hat, an, denen von Brecht, García Lorca und Mallarmé, Trakl und Pavese und den älteren, die immer am Starkstrom Gegenwart hängen, von Baudelaire, Whitman und Hölderlin (oh, wie viele wären zu nennen!). Sie bestehen wohl weiter für sich, aber sie haben ein kostbares zweites Leben in dieser Verbindung. Denn wie die neuen Wahrheiten können die alten von der Musik geweckt, bestätigt und nach vorn gerissen werden; und jede Sprache, die diese Wahrheiten ausspricht – die deutsche, die italienische, die französische, jede! –, kann durch Musik ihrer Teilhabe an einer universalen Sprache wieder versichert werden.
Die Musik, ihrerseits, gerät mit den Worten in ein Bekenntnis, das sie sonst nicht ablegen kann. Sie wird haftbar, sie zeichnet den ausdrücklichen Geist des Ja und Nein mit, sie wird politisch, mitleidend, teilnehmend und läßt sich ein auf unser Geschick. Sie gibt ihre Askese auf, nimmt eine Beschränkung unter Beschränkten an, wird angreifbar und verwundbar. Aber sie braucht sich darum nicht geringer zu fühlen. Ihre Schwäche ist ihre neue Würde. Miteinander, und voneinander begeistert, sind Musik und Wort ein Ärgernis, ein Aufruhr, eine Liebe, ein Eingeständnis. Sie halten die Toten wach und stören die Lebenden auf, sie gehen dem Verlangen nach Freiheit voraus und dem Ungehörigen noch nach bis in den Schlaf. Sie haben die stärkste Absicht, zu wirken.
So müßte man den Stein aufheben können und in wilder Hoffnung halten, bis er zu blühen beginnt, wie die Musik ein Wort aufhebt und es durchhellt mit Klangkraft. So müßte man sich ausdrücken, ein Einsamer durch einen

Einsamen, sich verbünden, einander Deutlichkeit verleihen vor der Welt. Sich stellen. Und in der Folge sich überantworten.

Denn es ist Zeit, ein Einsehn zu haben mit der Stimme des Menschen, dieser Stimme eines gefesselten Geschöpfs, das nicht ganz zu sagen fähig ist, was es leidet, nicht ganz zu singen, was es an Höhen und Tiefen auszumessen gibt. Da ist nur dieses Organ ohne letzte Präzision, ohne letzte Vertrauenswürdigkeit, mit seinem kleinen Volumen, der Schwelle oben und unten – weit entfernt davon, ein Gerät zu sein, ein sicheres Instrument, ein gelungener Apparat. Aber etwas Unbenommenes von Jugend ist darin oder die Scheuer des Alters, Wärme und Kälte, Süße und Härte, jeder Vorzug des Lebendigen. Und diese Auszeichnung, hoffnungsloser Annäherung an Vollkommenheit zu dienen!

Es ist Zeit, dieser Stimme wieder Achtung zu erweisen, ihr unsere Worte, unsere Töne zu übertragen, ihr zu ermöglichen, zu den Wartenden und zu den Abgewandten zu kommen mit der schönsten Bemühung. Es ist Zeit, sie nicht mehr als Mittel zu begreifen, sondern als den Platzhalter für den Zeitpunkt, an dem Dichtung und Musik den Augenblick der Wahrheit miteinander haben.

Auf diesem dunkelnden Stern, den wir bewohnen, am Verstummen, im Zurückweichen vor zunehmendem Wahnsinn, beim Räumen von Herzländern, vor dem Abgang aus Gedanken und bei der Verabschiedung so vieler Gefühle, wem würde da – wenn sie noch einmal erklingt, wenn sie für ihn erklingt! – nicht plötzlich inne, was das ist: Eine menschliche Stimme.

Tagebuch

Beitrag zur Probenummer einer internationalen Zeitschrift

Was einander sagen? Worüber etwas sagen? Was und worüber und wozu?

Warum französisch und italienisch und deutsch? Und warum nicht auch englisch, russisch, schwedisch und so fort?

Daß diese Zeitschrift zustandekomme, war so sehr zu wünschen, nicht weil zu wünschen ist, daß drei Gruppen aus drei Literaturen, deren Verschiedenheit sich noch herausstellen wird und deren Bestürzung, bei so enger geographischer Nachbarschaft, touristischen Ausflügen hin und her und vieler gemeinsamer meist brutaler und häßlicher historischer Erfahrung, über Terminologie-Schwierigkeiten noch groß sein wird – daß also Schriftsteller aus drei Ländern sich einander in die Arme werfen, damit wieder einmal ein »Forum« geschaffen wird, damit wieder einmal »Dialoge« stattfinden, damit dieser Alpdruck, »geistige« und »kulturelle Verständigung« genannt, wieder einmal mit Anstand ertragen wird, unter Höflichkeit, unter Komplimenten, zu niemands Erleichterung am Ende ... Zu wünschen ist bloß, da ein Zufall und auch Bemühung es erlauben, vorläufig dieses Dreieck zu bilden (zum Glück nicht gleich ein Vieleck, da es soviel schwieriger wäre, gleich mehrere Terminologien zu beobachten und begreifen zu müssen) – zu wünschen ist bloß einmal, daß man sich zu üben anfangen kann, so über die eigenen Dinge zu sprechen, wie man es sonst, zuhause, schlecht tun kann.

In der eigenen Sprache sprechen zu den eigenen Leuten verführt uns ja alle, uns zu verlassen auf das allzu Familiäre, zu verbleiben in der geschichtlichen und kulturpolitischen Intimität (selbst mit unseren Feinden), sich bequem abzustützen auf Voraussetzungen, die nicht mehr über-

prüft werden müssen, weil zuhause sowieso jeder auf die eigentümlichste Weise verstanden und mißverstanden wird, geduldet und gehaßt wird, unterstützt und bekämpft wird. Wir kennen die literarischen und politischen Redensarten, die möglich sind im eigenen Land. Und wir haben selber unsere Redensarten, die uns teuer sind, für die wir zumindest mit Sicherheit die Feinde finden, die wir uns schaffen wollen, und ein wenig weniger sicher die Freunde, die wir uns auch schaffen wollen.
Sprechen aber zu distanzierten Freunden und Mitarbeitern, zu einem distanzierten Publikum, zusammenzuarbeiten, wo es noch Mühe macht, das »Zusammen« zu sehen und wo das Verläßlichste im Anfang wohl das »Arbeiten« sein dürfte – es kostet die größere Anstrengung, kostet den Verzicht auf Anspielungen unter Beibehaltung der Mundart, den Verzicht auf die vermeintlich feste Position der einzelnen, die anderswo womöglich gar nicht einleuchtet, auf die Ränge der einzelnen Schriftsteller, auf die Ansprüche aus Rängen. Und es bedeutet damit schon, daß man auch aus der manischen Selbstbezogenheit einer Literatur und ihrem ästhetischen und ideologischen Kontroversenfundus (der so verläßlich zu jeder Literatur gehört!) heraus muß, sich seine Vokabeln noch einmal überlegen muß.
Man wird also ein wenig, ein klein wenig anders sprechen und sich mit seinem Sprechen zu richten versuchen auf weniger eingeweihte Leser. Nicht um sich den anderen angenehm zu machen, um für sich zu werben. Nicht einmal, um bloß langsamer und artikulierter zu sprechen, wie man höflicherweise zu einem Fremden langsamer spricht, damit er Wort für Wort und Bedeutung für Bedeutung besser erfassen kann –
Und man kann zugleich unbesorgt bleiben um die Eigenart, denn wo Eigenart ist, wird sie nicht verloren gehen –
Man wird ein wenig anders sprechen, um genauer zu werden in der Selbstdarstellung und um genauer die Gegen-

stände in der Reihenfolge ihrer Wichtigkeit sich vorzustellen. Also, könnte man auch sagen, um sich zu objektivieren und ein paar hitzige Piazza-Leidenschaften, die ihre Berechtigung durchaus haben (und von einigen wird man sogar sprechen *müssen*), aufzugeben für eine größere und weiterreichende Leidenschaft, in der französisch und italienisch und deutsch und so fort sich als fruchtbare und eigentümliche Dialekte erweisen, mit einer Rücksicht auf eine umfassendere Sprache, die dann freilich niemand zu gründen braucht und sprechen muß. Wenn er nur in seinem Dialekt sie mit meint und mit im Auge behält. Und dazu hat man sich ja oft fähig gewußt, fähig gewünscht. Und war man nicht oft mißmutig, weil man gezwungen war (wenn man sich kritisch äußern wollte jedenfalls), in den Wald zu rufen, den man so gut kannte, dessen Echo man noch besser kannte, es vorauszusagen wußte, besser als alles, was man sich überlegte, jeweils in diesen Wald zu rufen.

Mit dieser halsstarrigen Vorsicht spreche ich nur, weil wir beinahe schon zwei Jahrzehnte hinter uns haben, in denen viele vor uns, darunter Leute, die alle Achtung haben und verdienen, sich auf Kongressen, Festwochen und Reunionen verschiedenster Art, so rasch mit einem Esperanto verständigt haben, ohne zu merken, daß es nur die Floskeln waren, die sich miteinander verständigten, und daß es die Floskeln waren, die im Streit aneinander gerieten, während [die Mundart] verborgen blieb, schamhaft oder weil die Anstrengung in der kurzen Zeit zu groß gewesen wäre und die Zumutung, die jede Mundart eben ist, den anderen erspart werden sollte, damit nur ja das Gemeinsame und das Trennende festgestellt werde. Als gäbe es das einfach – das Gemeinsame, das Trennende. Ach nein, das gibt es nicht – so nicht.

Und was wir längst wissen: vergessen wir nicht, daß es nicht von allen gewußt werden kann und mag und daß man es noch wiederholen muß, immer wieder und immer wieder wiederholen muß und immer zurückwirken muß in noch wirksame Vorstellungen hinein. Vorstellungen zum Beispiel vom Versöhnen und sich Verbünden – von einer Versöhnung möglichst allgemeiner Art. Es ist das, was die Leute, die nicht auf die Kongresse dürfen, zu gerne hören. Daß man einander schon versteht und daß sie jetzt auch miteinander versöhnt werden, sich versöhnen müssen, dürfen, sollen. Sie wissen zwar nicht, wer nun wen versteht und weshalb. Wer mit wem versöhnt wird und warum. Denn die wahren Gründe für diese Operationen werden ihnen vorenthalten, und für die Gefühle, die man ihnen erlaubt, ja von ihnen fordert, werden die Kanäle gerichtet, gestern noch für Haßgefühle und heute wieder für Verbrüderungsgefühle.

Die Repräsentanten unserer Staaten gar möchten uns allen das Denken abnehmen und uns jetzt landstrichweise aneinander gewöhnen und miteinander versöhnen, teils auf gut Glück, teils auf gut Interesse. Bald mit diesem und bald mit jenem politischen System, bald einfach mit diesem und jenem Volk. Während sie sich aber miteinander wirklich über *etwas* verständigen, fühlen die Untertanen darauf los und verlieben sich bloß. Sie sind ja so unendlich dankbar, daß sie, nach soviel gesteuertem Haß, sich in gesteuerter Liebe auflösen dürfen und nicht mehr nur belästigt werden mit der langweiligen Verständigung über Zahlungen, Kredite, Waffenlieferungen und über den Austausch von Ingenieuren, Studenten, diplomatischen Noten und Bombenrezepten. Über diesen so nüchternen Austausch, der hier und da garniert wird mit dem Austausch von Worten und Werten auf Kulturwochen und Musikwochen für die happy few. Man könnte manchmal meinen, es sei, bei soviel Versöhnung, jeweils auf der einen und der anderen Hälfte der Erdkugel das silberne, wenn schon nicht das goldene Zeitalter angebrochen. Zwischen den beiden Hälften will

es natürlich noch nicht so recht vorangehen mit der Verständigung, aber man kann nicht alles auf einmal verlangen. Patience dans l'azur.
Aber wo es nicht sehr blau ist, in uns, wo wir manchmal befürchten, daß die Verständigungen unter den Falschen zustandekommen oder man hätte sich über etwas Falsches verständigt und über einiges sehr folgenreich Falsches womöglich ...
Natürlich ist es nicht mehr originell, noch einmal von General de Gaulle und Dr. Adenauer zu sprechen, aber es wird nicht weniger wahr und nicht weniger folgenreich, daß die von ihnen inszenierte »Versöhnung« stattgefunden hat und darum ihr Unvergeßliches hat – ein kaum glaubliches Musterbeispiel von Verständigungsrausch und Verbrüderungstaumel. Wenn man der westdeutschen Presse glauben durfte, dann hat es noch nie ein größeres und ehrlicheres Fest für die Deutschen (die Westdeutschen) gegeben, mit einem freiwilligen Aufwand an Jubel und selbstloser Nächstenliebe, die niemand in solchem Ausmaß erwartet hätte. Man muß beinahe auch befürchten, daß sich die Deutschen wirklich nichts dabei gedacht haben, auch wenn man es anderswo nicht glauben mag.
Wer wurde aber mit wem versöhnt? Die OAS mit den deutschen Nazis? Oder wurde übers Kreuz versöhnt – die französischen Widerstandskämpfer mit den deutschen Nazis? Oder die Gaullisten mit den deutschen Sozialdemokraten? Oder die französischen Kommunisten mit der deutschen CDU? Oder wurde einfach »Volk« mit »Volk« versöhnt? Oder eine Klasse mit einer anderen Klasse? Die Arbeiter und Bauern da mit den Arbeitern und Bauern dort? Die französischen Dienstmädchen mit den deutschen Raumpflegerinnen? So viele Fragen – so viele belustigt-traurige Fragen, zugegeben. Und abseits blieben nur einige wenige, Intellektuelle womöglich, verstockte Individuen, die ohne Regung dem Jubel zusahen – beinahe grotesker-

weise zu verwechseln mit den ganz und gar Gestrigen, Unversöhnlichen, Unbelehrbaren. Gerade die paar wenigen, die sich doch bisher nicht genug tun konnten in der Beschäftigung mit allen ihren Nachbarn und auch diesem Nachbarn, der plötzlich so erfolgreich war.

Diese ärgerlichen Sondierer, diese humorlosen Entgeisterten, die unter der mörderischen Bedrohung, unter der alle leben, beharrlich sich doch versteifen und verlangen, daß alle, alle ohne Unterschied und für immer, leben sollen und arbeiten sollen, dürfen, und essen und schlafen ohne Furcht, und weil dies die conditio sine qua non für sie ist, auch beharrlich verlangen dürfen, daß die Schwierigkeiten des Führens von Frieden keine leichtfertigen partiellen Lösungen finden, keine emphatischen und sentimentalen, keine langfristig gefährlichen und kurzfristig geflickten. Lösungen, Versöhnungen, die schon wieder schmecken nach neuem Frontenverlauf, während der gestrige und gegenwärtige Frontenverlauf einem noch alle Augenblicke das Blut stocken läßt.

Und hier und da ist noch einiges zu hören, noch immer und schon wieder, vom »Eis brechen« und vom »zu Grabe tragen«, aber ich bin sicher, daß hier nie die Rede davon sein wird, daß die Formulierung nicht vorkommen wird, die mich immer entsetzt hat, weil sie (wenn sie leider auch noch für viele etwas zu besagen hat) eine schreckliche Vorstellung ist unter Menschen, die einander nichts vorzuwerfen und nichts zu verzeihen haben, die sich nur einer gegenseitigen bewußteren Aufmerksamkeit versichern wollen und sich um diese Aufmerksamkeit noch bemühen müssen –

Und Aufmerksamkeit ist nichts Geringes, ist mit das Schwierigste, wenn auch unter gutem Herzklopfen Zustandekommende.

Denn keiner von uns hätte den Mut, so denke ich – und das trennt wirklich eine neue deutsche Generation von einer älteren –, die Zusammenarbeit zu wünschen, wenn er auch nur im geringsten dächte, daß »Eis« gebrochen werden müsse, daß auch nur ein Hauch von Befangenheit in ihm sei oder ihm von anderen entgegengebracht werden könne. Und gäbe es das zum erstenmal – es gibt das und gibt darum nichts Selbstverständlicheres und Freieres als diesen Wunsch, ein Rad gemeinsam zu wechseln, es womöglich wirklich zu wechseln oder im schlimmsten Fall einander einzugestehen, daß man noch nicht genau weiß, wie es zu wechseln ist.

Trotzdem haben wir noch keinen Ausweis für »Weltoffenheit« (und wie weit hat die »Welt« früher gereicht und wo hat ihre »Offenheit« nicht schon aufgehört?) und sind nicht im Besitz von gültigen Pässen, mit denen man überall Fuß fassen kann. Vorbei ist es sowieso mit der Abendländerei, dem durchgehenden bereichernden Angeregtsein und sich Zuhausefühlen zwischen Griechenland und moderner Industrielandschaft, zwischen musealer Ergriffenheit und frohem Fortschrittglauben. Also wird es gehen müssen ohne den geistigen Diplomatenausweis. Und selbst wenn der eine und andere dieses und jenes liebt, sich seine Anregungen holt, wo er mag – von der schönen Laune des Europäischseins wird niemand mehr ein Aufhebens machen dürfen. Sich europäisch fühlen, sich womöglich gar weltmännisch fühlen, ist eine Privatangelegenheit geworden, ebensosehr wie es einmal im Begriff war, eine öffentliche Angelegenheit, ein öffentliches Ideal zu werden, in eben dem Augenblick, als man zu seiner Zerstörung schritt.

Man liebt nicht mehr das amerikanische Ballett, den französischen Roman, den italienischen Film. Oder man liebt das alles, aber wen kümmert das? Man starrt nicht mehr mit glänzenden Augen in die Warenhausfenster anderer Nationen und glaubt, aus diesem beifälligen Anschauen resultiere etwas fürs Ganze.

Darum können wir es uns ersparen, einander vorzumachen, einander zu versichern, daß wir in irgendeinem gemeinsamen Geist eine zarte neue Ära der Literaturfreundschaft ausbrechen lassen wollen, in Analogie womöglich zu den wirtschaftlichen Integrationsversuchen, den politischen Achsenbildungen und militärischen Blockbildungen. Oder da der gemeinsame Markt, der Supermarket Europa, gerade geboren wird und die europäische Butter, die europäischen Fahrräder und das gesamteuropäische Kinderspielzeug in greifbare Nähe gerückt sind – daß wir da noch einen Supermarket des Geistes dazugründen müßten.
Europäisch denken? Wer geriete da nicht in Verlegenheit, wenn er, zum Beispiel, nicht einmal weiß, was deutsch oder österreichisch denken heißt, es auch gar nicht wissen und vorgesagt bekommen möchte, weil er sich nichts Gutes davon verspricht. Denken, gewiß, auch historisch denken und vor allem utopisch denken, daß die Risse eines Tages wirklich aufspringen, dort wo sie aufspringen *müssen* und die Grenzverläufe sich zeigen müssen, als ideologische, wenn man so will, als Risse auch im Gebrauch von Sprache, die nicht nur den Schreibenden betreffen, aber den Schreibenden zuerst betreffen, weil er nicht mit einem nationalen Fertigprodukt »Sprache« oder einem internationalen Wunschprodukt »Sprache« umgehen kann und es gebrauchen kann, sondern, von ihr geprüft und sie prüfend, ein Abenteuer mit der Sprache hat, dessen Ausgang ungewiß ist. Gewiß ist nur, daß er seine Mundart sich in den Mundarten der Sprache sucht, daß er auf Dialekt und Dialektik aus ist und beide auf ihn aus sind, als auf ihren möglichen Statthalter.
Die Jahre nach dem Krieg, nachdem ein paar Grenzen aufgingen, dann immer mehr Grenzen fielen, waren ja nur ein Schauspiel des Hungers, eines wahllosen Verlangens nach anderen Büchern und anderen Gedanken. Es wäre irrig zu glauben, man hätte sich damit »Welt« verschafft. Jetzt

erst, nachdem die Sättigung eingetreten ist und die Neugierde immer mehr verfliegt, seit nicht mehr unterschiedslos jedes wichtige Buch, jeder wichtige (oder wichtig geglaubte) Name aus einem anderen Land begeistert heimgetragen und triumphierend sichergestellt wird –
Jetzt erst, nachdem der kulturelle Güteraustausch einigermaßen à jour gebracht worden ist von emsigen Verlagen, eifrigen Museumsdirektoren und kühner gewordenen Redakteuren, und seit selbst in den so mustergültig ängstlichen deutschsprachigen Landen die Information bald keinen Halt mehr macht und auch einige kommunistische Autoren (am liebsten sowjetische, weil die doch das Recht haben, sich als kommunistische bezeichnen zu dürfen, ohne dabei gleich an Sympathie zu verlieren) für importierbar und diskutabel hält und der Export in gleichem Maß zunimmt – da also das »Eisbrechen« (oh gelinder und hoffnungsvoller Schreck!) in vollem Gange ist und fast kein Kenntnisnehmen mehr verpönt ist –
In gleichem Maß also, in dem nach Enthaltsamkeit und Desorientierung eine Entspannung und ein größeres Kenntnisnehmen einsetzen und es nicht mehr nur einigen wenigen »Tollkühnen« überlassen bleibt, Kunde zu geben und als go-betweens verdächtigt zu werden, wo nur Selbstverständliches geschah und das Selbstverständliche bald für alle nur mehr das Selbstverständliche sein wird –
Jetzt erst kann man sich getroster überlegen, was man selber zu sagen hat und beizutragen hat, jeder von seiner Provinz aus, von seinem Ort aus, an den die Welt (die anderen Provinzen also) gespült werden. Es sind weder Abgeschnittensein und Einsamkeit da, die quälend und unfruchtbar sind, noch eine Vereinigungsgier mit allem und jedem, die auch quälend ist, sondern ein Einsetzen von Vernunft, von vernünftigem Auswählen, von Beschränken, vor allem aber endlich von einer Aufmerksamkeit, auf die ich hinausmöchte, und durch die Sondieren, Reden und Dagegenre-

den erst sinnvoll werden können und Würde gewinnen können.
Beschränkung, wie dies auch notwendig eine Beschränkung im Anfang sein muß, italienisch, französisch, deutsch, die sich lockern soll, wenn es möglich ist, wenn es gut tut und die Aufmerksamkeit weiter zu tragen anfängt und mehr zu tragen vermag.
Es sind ja auch die Zeiten vorbei, in denen eine kultivierte Elite, geschmackvolle Connaisseurs, gebildete Bürger und Aristokraten an der Seite einer tatsächlich produktiven und glanzvollen Elite, sich ihr Europa in den Wolken machen konnten, mit verliebter Bewunderung in die Literaturen, Malereien und Musiken der anderen, ein feines Gespinst spinnend, »Europa«, das schon aus unserem Bewußtsein geschwunden ist, aber wieder gegenwärtig wird beim Lesen von Tagebüchern, Memoiren und Briefwechseln zwischen Paris und Capri, Duino und Zürich, London und Berlin, und wo jeder Ort, jedes Datum uns noch von Bedeutsamkeit zu strahlen scheint. Aber dazu fällt uns auch ein, daß für diese Elite, ob sie nun ahnungslos oder ahnungsvoll war, plötzlich zweimal die Fahnentücher und das Uniformtuch eingefärbt wurden von Leuten, die weniger Geschmack hatten und die in derselben Zeit wieder das Pulver erfanden und ihre Europäer kurzerhand wieder in ihre Provinzen einsperrten oder sie exilierten oder ermordeten und deren sicherem Geschmack und deren kosmopolitischen Schwärmereien den Garaus machten. Europäisch sich fühlen, noch einmal auf diese Weise – wem fehlten nicht die Mittel dazu, und wer wäre nicht gewarnt?
Man schreibt auch nicht mehr Briefe zwischen Orten, die mit Goldfäden in die ordinäre Geographie dieses Kontinents gestickt sind, druckreif, über die komplizierten Dinge der Kunst, die Bedrückungen durch den Weltenlauf und die Besorgtheit über das Werk, das man vorbereitet. Eine sakrale Beschau der Gegend und damit eine sakrale Brief-

kunst – europäisch hat man sie nennen dürfen – ist zuendegegangen, und es wird nicht mehr viel zu sammeln geben danach, ein paar Telegrammfetzen, Postkarten, ein paar Briefe auch. Warum nicht auch Briefe? Aber ohne den Faltenwurf, das Bedeutsame, das »Verantwortliche«, das schon durch die Art der Anrede und durchgehende Stilisierung sich verrät. Eine Verarmung, wird man sagen. Ja, aber vielleicht wollte man verarmen, vielleicht auch ist man zu unwirsch und ungeduldig geworden, um Gedanken und Gefühle zu zelebrieren, die man auch hat, oder man wird inne, daß es nicht mehr viel taugt, darüber zu reden, wenn man in der Situation des Radwechslers ist. Und manchmal fühlt man sich einfach nicht aufgelegt, zwischen dem Ausfüllen der Steuererklärung und einem Gang zum Bäcker, die Goldfeder in die Tinte zu senken und Ewigkeit herzustellen oder überlegen Zeichen zu geben von Person zu Person.

Nein, das ist nicht Verhöhnung der wirklich verdienstvollen Enthusiasten (und nicht einmal der geistigen Globetrotter), die uns Proust und Eliot brachten, die hier die Futuristen und Kubisten, dort Kafka und Rilke hoffähig und damit später ja allen zugänglich machten. Es ist nur die Feststellung, daß die Zeiten vorbei sind, in dem ein Land einem anderen Land erlesene Geschenke machte, auch wenn es da und dort noch immer einzelne sind, die entdekken und vermitteln, unbemerkter schon, weil da der *Markt* ist, weil der Markt an die Stelle individueller Unternehmungen getreten ist – an Stelle der großen Damen, die Konzerte und Ballette protegierten und finanzierten, an Stelle der großen Herren, die Gedanken und Manuskripte und Spürsinn für die Kunst von morgen in ihrem Gepäck mitführten zwischen der Riviera und den Großstädten, und wo zwischen Schlössern und Ateliers, zwischen möblierter Misere und den Diners in den großen Hotels das Spiel europäische Kultur gespielt wurde.

Es kann da keine Entsprechung mehr sein. Kann keine mehr geben.

Aber nun ist das edle Gespinst, das alte Europa, nur mehr ein Gegenstand der Unterrichtung, und auch der Trümmerhaufen, der aus ihm durch Hitler gemacht wurde, ist ziemlich säuberlich aufgeräumt worden mittlerweile. Und seit einigen Jahren merken wir, daß für die neuen Intellektuellen Europa ein Gegenstand für eine betretene Untersuchung geworden ist, als handelte es sich dabei um eine Krankheit, um ein Virus Europa, ja mehrere Viren, die für ein noch größeres weiterreichendes Krankheitsbild berücksichtigt werden müssen. Schädliche und nützliche, schwächende und kräftigende Viren. Und wenn man in unsere seriösesten Zeitschriften schaut, die sich mit diesem Gegenstand befassen, so sind sie nicht mehr geschmückt mit den Namen, die einem Ehrfurcht einflößen, auch immer seltener mit jenen, die man belächelt, weil sie nur als Schmarotzer, im Kielwasser der großen Namen segelnd, von Europa sprechen, bezahlte und gekaufte Berufseuropäer –

Wenn man unsere Zeitschriften durchsieht, so begegnen einem immer mehr Aufsätze, Analysen, von wenig bekannten Namen gezeichnet, aber um so fachmännischer geschrieben, mit wissenschaftlicher Akribie, als wäre Europa zu einem Gegenstand geworden, dem sich nur mehr Experten nähern dürften.

Man liest diese Untersuchungen, Prognosen, Diagnosen mit der Beklemmung des Laien, der sich dem Fachverstand unterlegen weiß und der dennoch keine Mühe scheuen will, von einem so wichtigen, auch ihn etwas angehenden Gegenstand zu erfahren, von den wirtschaftlichen und politischen Gesichtspunkten, von Verteidigungsmöglichkeiten, Balanceakten und unerhörten Bezügen obendrein, von denen noch andere Experten noch Genaueres wissen. Ja, es sind wahrhaftig die Experten, die sich jetzt der Sache angenommen haben, nicht mehr die Schöngeister, und man fühlt sich unendlich klein und eingeschüchtert, bleibt mit runden Augen in gehöriger Entfernung vor der Ärzteschaft stehen, den Diagnostikern, deren Vokabular Abstand gebietet, wenn von der Krankheit Westeuropas die Rede ist, ganz zu schweigen von der des gesamten Europa, von der am besten, wie von einer unheilbaren, gar nicht mehr gesprochen wird, nur von ihrer Ätiologie zuweilen, als läge eine Beruhigung darin, wenigstens diese zu kennen, und als ersparte man es damit der Forschung und der Heilmittelindustrie, auch für den größeren Komplex zu arbeiten.

Man muß es sich zugeben: man ist nicht mehr auf der Höhe. Man kann diesen Kontinent nur noch bewohnen und muß alles schmerzliche Nachdenken als Kompetenzüberschreitung begreifen.

Wo Wirtschaft und Verteidigung *allein* das Recht haben, mit diesem Namen noch sinnvoll in Verbindung gebracht zu werden, in diesem Namen aufzutreten, haben der historische Tiefsinn und die kauzige Beschäftigung mit den traditionsreichen Familiengeschichten der Völker wirklich ausgespielt. Und jeder Versuch, einer momentanen Situation zu einem geistigen Ornament zu verhelfen aus Historie und gemeinsamer Kultur, oder gar der, eine Entscheidung, scheinbar, zu belegen mit Vergangenheit, muß sich lächerlich machen. Die großväterischen Akkordanzen und Divergenzen, die noch immer, zur Vernebelung von Tatbeständen, ins Treffen geführt werden, dürften nicht einmal von ihren gläubigsten Verfechtern geglaubt werden. Der pragmatische Flachsinn hat längst den Sieg davongetragen. Europa ist in ein neues Licht gerückt: da ist es festzustellen als eine Mischung aus Brachland und Ackerland und als industrielle Potenz, die es möglichst ökonomisch und rücksichtslos auszuwerten gilt. Weiter: als ein günstig-ungünstiger Truppenübungsplatz und Auf- und Umrüstungsversuchsplatz. Weiter: als Vorposten Teileuropa gegen einen Vorposten Teileuropa, von dem sich der eine dem anderen scharfsinnig plausibel machen muß als geharnischter Vertreter von Frieden und Freiheit.

Aber um bei Westeuropa zu bleiben, das uns als Europa zugewiesen ist und das seine ersten pragmatischen Integrationsleiden durchmacht und sich gründet und entwikkelt und öfters fehlentwickelt, mit EWG und EFTA und Westeuropäischer Union und neuen Achsen und atlantischem Verteidigungsbündnis mit der Nabelschnur nach Übersee, und das alles nicht so recht zur Kongruenz bringen kann – zum Glück aber, wie man hört, eine Air-Union schon besitzt, die wenig Schwierigkeiten verursacht und einen darum aufatmend zu seinem Himmel blicken läßt, der vielleicht auch der *eine* Himmel ist, der über anderen mit Schwierigkeiten kämpfenden Blöcken und den Integrationsleiden anderer sich entschuldigt, blau und geduldig, dafür, daß er unteilbar ist –

Um aber daran zu denken, daß man hier auf einen Platz gestellt ist und durch Flucht keinen besseren finden wird, und wenn, dann hier etwas zu tun hat – Was also tun?

Da wir aber weder prophetisch in die Zukunft schauen, noch soviel Geschmack haben, uns mit dieser Zukunft nicht zu beschäftigen, da wir dem pragmatischen Zickzack nicht so recht zu folgen vermögen und zugleich so viel Vertrauensverlust zu deklarieren haben in die großen Winke der Geschichte als Mythos und der Geschichte als das Errechenbare, Gesetzliche, und darum auch nicht gleich verstehen mögen, warum wir uns, in Berufung auf diese Arten von Geschichte oder die augenblickliche öde Praxis, mit dem oder jenen zu verbünden haben und die kleine Geheimniskrämerei unter der großen betreiben sollen –

Also mit wenig Bündnislust der gängigen Art und wenig Verständnis der gängigen Art, weil noch soviel Selbstverständnis fehlt, ein neues, unsentimentales und noch nicht recht praktikables, während schon wieder alles im Gang ist und läuft und sich heißläuft im Lauf, als käme es darauf an, die Geschichte in die Flucht zu schlagen, der eine Atempause zu gönnen wäre wie uns, damit wir uns erst einmal zurechtfänden und einige Überlegungen anstellen könnten, um der zerstörten Vernunft Zeit für Heilung zu lassen, die der Geschichte zugute käme –

Also um zu bleiben und zu denken auf dem Platz, auf den man gestellt ist, hier, in keiner besonderen Gegend (wie es nirgends eine besondere Gegend gibt), einer Gegend, die nicht verteidigt zu werden braucht, deren Vorzüge jemand aufzunötigen nicht lohnt, aber immerhin einer Gegend, die uns ernähren kann, die uns lieb sein kann und der wir zu einem Gesicht verhelfen können, mit guten Zügen, in Nachahmung vorhandener guter Züge, durch Prägung neuer guter Züge –. Wenn dies in jeder Gegend geschieht, wird kein Gesicht einer Gegend mehr ein anderes abstoßen und erschrecken. Und die Gesichter sollen dann ruhig die Namen tragen, französisch, italienisch, deutsch und so fort. Und was eingeschrieben wird als Zug, mag dann auch ruhig heißen, wie es heißt, und in der Sprache geschrieben sein, die jeder glücklich seine eigene nennen darf.

Dann soll es, in unserem Beruf, ruhig einmal Mühe kosten, für ein Adjektiv tagelang ein entsprechendes Adjektiv zu suchen in der anderen Sprache. Und dann wird auch nichts verloren sein, wenn einmal für ein Wort kein entsprechendes Wort gefunden wird. Wenn das Vertrauen nur da ist in den Dialekt, in das, was übersetzbar an ihm ist, in das, was unübersetzbar bleibt.

REDEN

Die Wahrheit ist dem Menschen zumutbar

Rede zur Verleihung des Hörspielpreises der Kriegsblinden

Der Schriftsteller – und das ist in seiner Natur – wünscht, sich Gehör zu verschaffen. Und doch erscheint es ihm eines Tages wunderbar, wenn er fühlt, daß er zu wirken vermag – um so mehr, wenn er wenig Tröstliches sagen kann vor Menschen, die des Trostes bedürftig sind, wie nur Menschen es sein können, verletzt, verwundet und voll von dem großen geheimen Schmerz, mit dem der Mensch vor allen anderen Geschöpfen ausgezeichnet ist. Es ist eine schreckliche und unbegreifliche Auszeichnung. Wenn das so ist, daß wir sie tragen und mit ihr leben müssen, wie soll dann der Trost aussehen und was soll er uns überhaupt? Dann ist es doch – meine ich – unangemessen, ihn durch Worte herstellen zu wollen. Er wäre ja, wie immer er aussähe, zu klein, zu billig, zu vorläufig.

So kann es auch nicht die Aufgabe des Schriftstellers sein, den Schmerz zu leugnen, seine Spuren zu verwischen, über ihn hinwegzutäuschen. Er muß ihn, im Gegenteil, wahrhaben und noch einmal, damit wir sehen können, wahrmachen. Denn wir wollen alle sehend werden. Und jener geheime Schmerz macht uns erst für die Erfahrung empfindlich und insbesondere für die der Wahrheit. Wir sagen sehr einfach und richtig, wenn wir in diesen Zustand kommen, den hellen, wehen, in dem der Schmerz fruchtbar wird: Mir sind die Augen aufgegangen. Wir sagen das nicht, weil wir eine Sache oder einen Vorfall äußerlich wahrgenommen haben, sondern weil wir begreifen, was wir doch nicht sehen können. Und das sollte die Kunst zuwege bringen: daß uns, in diesem Sinne, die Augen aufgehen.

Der Schriftsteller – und das ist auch in seiner Natur – ist

mit seinem ganzen Wesen auf ein Du gerichtet, auf den Menschen, dem er seine Erfahrung vom Menschen zukommen lassen möchte (oder seine Erfahrung der Dinge, der Welt und seiner Zeit, ja von all dem auch!), aber insbesondere vom Menschen, der er selber oder die anderen sein können und wo er selber und die anderen am meisten Mensch sind. Alle Fühler ausgestreckt, tastet er nach der Gestalt der Welt, nach den Zügen des Menschen in dieser Zeit. Wie wird gefühlt und was gedacht und wie gehandelt? Welche sind die Leidenschaften, die Verkümmerungen, die Hoffnungen ...?

Wenn in meinem Hörspiel ›*Der gute Gott von Manhattan*‹ alle Fragen auf die nach der Liebe zwischen Mann und Frau und was sie ist, wie sie verläuft und wie wenig oder wie viel sie sein kann, hinauslaufen, so könnte man sagen: Aber das ist ein Grenzfall. Aber das geht zu weit ...

Nun steckt aber in jedem Fall, auch im alltäglichsten von Liebe, der Grenzfall, den wir, bei näherem Zusehen, erblikken können und vielleicht uns bemühen sollten, zu erblikken. Denn bei allem, was wir tun, denken und fühlen, möchten wir manchmal bis zum Äußersten gehen. Der Wunsch wird in uns wach, die Grenzen zu überschreiten, die uns gesetzt sind. Nicht um mich zu widerrufen, sondern um es deutlicher zu ergänzen, möchte ich sagen: Es ist auch mir gewiß, daß wir in der Ordnung bleiben müssen, daß es den Austritt aus der Gesellschaft nicht gibt und wir uns aneinander prüfen müssen. Innerhalb der Grenzen aber haben wir den Blick gerichtet auf das Vollkommene, das Unmögliche, Unerreichbare, sei es der Liebe, der Freiheit oder jeder reinen Größe. Im Widerspiel des Unmöglichen mit dem Möglichen erweitern wir unsere Möglichkeiten. Daß wir es erzeugen, dieses Spannungsverhältnis, an dem wir wachsen, darauf, meine ich, kommt es an; daß wir uns orientieren an einem Ziel, das freilich, wenn wir uns nähern, sich noch einmal entfernt.

Wie der Schriftsteller die anderen zur Wahrheit zu ermutigen versucht durch Darstellung, so ermutigen ihn die anderen, wenn sie ihm, durch Lob und Tadel, zu verstehen geben, daß sie die Wahrheit von ihm fordern und in den Stand kommen wollen, wo ihnen die Augen aufgehen. Die Wahrheit nämlich ist dem Menschen zumutbar.
Wer, wenn nicht diejenigen unter Ihnen, die ein schweres Los getroffen hat, könnte besser bezeugen, daß unsere Kraft weiter reicht als unser Unglück, daß man, um vieles beraubt, sich zu erheben weiß, daß man enttäuscht, und das heißt, ohne Täuschung, zu leben vermag. Ich glaube, daß dem Menschen eine Art des Stolzes erlaubt ist – der Stolz dessen, der in der Dunkelhaft der Welt nicht aufgibt und nicht aufhört, nach dem Rechten zu sehen.
Eine festliche Pause zwischen zwei Arbeiten, wie die heutige, ist zugleich eine Bedenkzeit; sofern sie meine Bedenkzeit ist, erbitte ich sie für die vielen Fragen, die Sie zu Recht noch stellen könnten und auf die erst immer neue Arbeiten und Bemühungen versuchen können, Antworten zu sein. So komme ich zum Dank für die Ehrung, die Sie mir heute widerfahren lassen. Weil man, wenn man seinen Dank sagt, es nicht nur im allgemeinen tun mag, will ich ihn richten an jene, die oft meine Arbeit und die so vieler Autoren erst ermöglicht oder erleichtert haben durch ihre Großzügigkeit, an die deutschen Rundfunkanstalten; darüber hinaus an die Hörer, die ich gefunden habe, die unbekannten, deren Namen ich nicht kenne; vor allem aber an die Kriegsblinden, die mehr noch als alle anderen Gehör schenken dem Wort und die, als eine würdige Instanz, diesen Preis vergeben.
Ich danke Ihnen.

Ein Ort für Zufälle

Rede zur Verleihung des Georg-Büchner-Preises

Wie jeder, der hier gestanden ist und es nicht wert war, Büchner das Schuhband zu lösen, habe ich es schwer, den Mund aufzutun, den Dank trotzdem abzustatten mit einer Rede. Wovon reden? Von etwas Naheliegendem am besten. Es liegt nahe für mich, vielleicht auch für Sie.

»Konsequent, konsequent«, sagte dann Lenz, und wenn jemand anderer was sprach: »Inkonsequent, inkonsequent.« Es war die Kluft unrettbaren Wahnsinns, erfahren wir.

Konsequenz, das Konsequente ist, wie Sie wissen, meine Damen und Herren, in fast allen Fällen etwas Furchtbares, und das Erleichternde, das Lösende, Lebbare, das kommt inkonsequent einher. Konsequenz, das Folgerichtige, im Verfolgen des Risses – eines Risses, der für Lenz durch die Welt ging und der ihn nur traurig den Kopf schütteln ließ auf alles, was man ihm sagte, in guter Absicht, wie wir auch wissen –, diese Konsequenz ergibt sich nicht nur durch die körperlichen und geistigen »Zufälle« eines Individuums. Zufälle: ein merkwürdiges Wort, mit dem Büchner die Lenzsche Krankheit behaftet. Lassen Sie uns daran festhalten. Der Wahnsinn kann auch von außen kommen, auf die einzelnen zu, ist also schon viel früher von dem Innen der einzelnen nach außen gegangen, tritt den Rückweg an, in Situationen, die uns geläufig geworden sind, in den Erbschaften dieser Zeit. Denn ich vergesse nicht, daß ich in Ihrem Land bin mit seinen Zufällen, die sich der Diagnose nicht ganz, aber im Grunde entziehen, wie alle Zufälle; Zufälle, die sich mitunter aber einer Optik und einem Gehör mitteilen, das sich diesem Zufall aussetzt, dem Nachtmahr und seiner Konsequenz.

Verwechseln Sie, was ich zu sagen versuchen werde, nicht

mit Eindrücken. Ich habe womöglich welche, aber wer wird sich auf Eindrücke verlassen! Es wird von einer Gegend hier die Rede sein – nicht von Darmstadt, von Hessen nicht –, auf die kein Finger mehr zu legen ist, einer Gegend, umständehalber, und einer Stadt, da mehr sich nicht anbietet, einer, die sich auf »Teilung« hinausreden ließe. Teilung: das ist ein anderes, ein fleißiges Wort, es nimmt vieles ab, das Denken nicht zuletzt. Es hört sich an nach: Operation, postoperative Schmerzen nicht ausgeschlossen, letaler Ausgang selten. Es muß also, wenn es um Zufälle geht, etwas weit zurückliegen, intermittieren, konsequent, aber wiederkommen mit neuen Zufällen. Die Beschädigung von Berlin, deren geschichtliche Voraussetzungen ja bekannt sind, erlaubt keine Mystifizierung und keine Überhöhung zum Symbol. Was sie erzwingt, ist jedoch eine Einstellung auf Krankheit, auf eine Konsequenz von variablen Krankheitsbildern, die Krankheit hervorruft. Diese Einstellung kann jemand nötigen, auf dem Kopf zu gehen, damit von dem Ort, von dem sich leicht hunderterlei berichten ließe, dem aber schwer beizukommen ist, Kunde gegeben werden kann. Ein Kundschafter ist ein Ortsfremder – er ist somit im Vorteil und im Nachteil. Seine Darstellung ist ihm ganz und der Sache nie ganz angemessen. Aber Darstellung verlangt Radikalisierung und kommt aus Nötigung.

Es ist zehn Häuser nach Sarotti, es ist einige Blocks vor Schultheiß, es ist fünf Ampeln weit von der Commerzbank, es ist nicht bei Berliner Kindl, es sind Kerzen im Fenster, es ist seitab von der Straßenbahn, ist auch in der Schweigestunde, ist ein Kreuz davor, ist eine Kreuzung davor, es ist so weit nicht, aber auch nicht so nah, ist – falsch geraten! – eine Sache auch. ist kein Gegenstand, ist tagsüber, ist auch nachts, wird benutzt, sind Menschen drin, sind Bäume drum, kann, muß nicht, soll, muß nicht, wird getragen, abgegeben, kommt mit den Füßen voraus, hat blaues Licht, hat nichts zu tun, ja ist, ist vorgekommen, ist aufgegeben, ist jetzt und schon lange, ist eine ständige Adresse, ist zum Umkommen, kommt, kommt vor und hervor, ist etwas – in Berlin.

In Berlin sind jetzt alle Leute in Fettpapier gewickelt. Es ist Maiensonntag. Myriaden von Bierflaschen stehen bis zum Wannsee hinunter, viele Flaschen schwimmen auch schon im Wasser, nah an die Ufer gedrängt von Dampferwellen, damit die Männer sie noch herausfischen können. Die Männer öffnen die Flaschen mit den bloßen Händen, sie drücken mit dem Handballen die Verschlüsse auf. Einige Männer rufen befriedigt in den Wald: Wir schaffen es schon. Die Frauen in den Fettpapieren erwecken Mitleid, manche dürfen aus dem Papier und sich mit den fettigen Kleidern ins Gras setzen. Dann dürfen auch die Kranken an Land gehen. Wir haben so viele Kranke hier, sagt die Nachtschwester und holt die überhängenden Patienten vom Balkon zurück, die ganz feucht sind und zittern. Die Nachtschwester hat schon wieder alles durchschaut, sie kennt das mit dem Balkon, wendet den Griff an und gibt eine Spritze, die durch und durch geht und in der Matratze steckenbleibt, damit man nicht mehr aufstehen kann. Das letzte Passagierflugzeug fliegt ein, es gibt noch die Tropfen, dann muß Ruhe sein; die Luftpost und Luftfracht später ist kaum mehr zu hören.

Jetzt fliegt jede Minute ein Flugzeug durchs Zimmer, böllert an dem Haken mit dem Waschlappen vorbei, prasselt eine Handbreit über der Seifenschale. Die Flugzeuge, knapp vor der Landung, in den Einflugschneisen, die durch die Zimmer führen, müssen leiser fliegen. Die Krankenhäuser haben sich beschwert. Die Flugzeuge dämpfen sich zwar, aber es ist schrecklicher als zuvor, sie gehen summend über die Köpfe, über die verschwitzten Haare, diese gedämpften Flugzeuge, die unter dem Plafond vorbeiwischen. In den Krankenhäusern ist eine unerhörte Aufregung wegen dieser vielen Flugzeuge, die sich dämpfen und dann so still werden, daß man sie nicht mehr hört, aber man horcht trotzdem, schon von dem Moment an, wenn man ein Sirren zu vernehmen anfängt, als hätte man eine Stimmgabel am Ohr; dann hört man sie besser, dann sind sie da, dann sind sie weg, dann surrt es beinahe noch, dann nicht mehr. Dann fängt der nächste Beinaheton an, jetzt ist man auch nicht mehr zufrieden, daß man sie kaum mehr hört, der Oberarzt muß deswegen auf die Straße und ihnen die Befunde zeigen, die vielen Bogen mit den Hieroglyphen hinaufschwenken. Im Augenblick ist abgeholfen, aber im nächsten flugfreien Augenblick läuten alle Kirchenglocken von Berlin, es steigen Kirchen aus dem Boden, die ganz nah herankommen, lauter neue kahle, ungefärbte Kirchen mit Glockentürmen und protestantischen Tonbändern. Die Aufregung wird immer größer wegen des Läutens, der Regierende Bürgermeister soll selber kommen, man schreit, daß die Kirchen hier weg sollen, die Patienten heulen, flüchten auf den Gang, aus den Zimmern rinnt das Wasser auf den Gang, es ist Blut drin, weil einige sich die Zungen durchgebissen haben wegen der Kirchen. Der Anstaltspfarrer sitzt im Besuchersessel, er erzählt immer wieder, daß er Schiffspfarrer gelernt hat und ums Kap der Guten Hoffnung gefahren ist. Von den Glocken weiß er nichts, er nimmt den Zwieback vom Teller, keiner wagt etwas zu sagen wegen dem Zwieback und der Glocken, er fragt auch nicht, ob etwas fehlt, und dreht seinen grünen Jägerhut in der Hand. Man bittet ihn zu gehen, weil gelüftet werden muß.

Die Brandmauern am Lützowplatz werden beleuchtet von großen Scheinwerfern, es ist schon alles verraucht, der Brand muß vorbei sein. Und mit Taschenlampen wird noch genau zwischen die Grasbüschel geleuchtet, da ist nichts mehr, nur verkohlte Knöchelchen, angekohlter Boden, kein ganzes Skelett, nur Knöchelchen. Das Programm ist schon im Gang, bei immer stärkerer Beleuchtung auf großen Halden, es gibt immer mehr Bauplätze, auf denen aber noch niemand zu bauen anfängt. Die Stimmung ist gut. Ein riesiges Schild wird herumgetragen. *Scharnhorst-Reisen.* Alle sind dafür, das Programm geht weiter im *Kadewe,* das *Kadewe*-Banner fliegt weiß und blau hoch oben, alle wollen auf einmal hinein in das *Kadewe*, man sieht schon, es wird nicht gehen, aber die Stimmung wird immer besser, die Leute sind nicht zu halten, sie bedrängen die Verkäuferinnen, wollen sich alle aus der Hand lesen lassen, dann wollen sie alle auf einmal die Horoskope haben, man reißt sich die Lottozettel aus den Händen und rennt an die Automaten, das Geld wird so laut hineingeworfen, daß die Kugeln durch die Kästen springen und in einigen Zimmern nach Schlafmitteln gejammert wird. Aber es gibt diese Nacht nichts mehr. Die Leute hören wenigstens auf zu johlen und sind nur noch lustig, die Dekoration wird abgerissen und von den obersten Stockwerken geworfen, die Rolltreppen sind verklemmt von vielem Zeug, die Lifts sind schon ganz angestopft mit Schals und Kleidern und Mänteln, die alle mitsollen, aber die dicken Kassiererinnen stecken mitten darin, sind am Ersticken und rufen: Das muß alles bezahlt werden, das werdet ihr noch bezahlen!

Auf den Gängen muß schon wieder gewischt werden. Einige bekannte Personen sind hier auch heimlich eingeliefert worden, nachts bei Blaulicht, die meisten sind aber Anverwandte, die alle keinen Halt angeben können, Adressen haben sie, aber keine nächsten Angehörigen. Wichtigster Punkt: der nächste Angehörige. Alle liegen schweigend. Die Nachtschwester sagt, er ist im Kommen, er kommt von da oder dort, es gibt gleich ein Flugzeug, es kommt vor, darauf verlassen sie sich. Gemeint sein muß der nächste Angehörige. Der Chefarzt erwartet jede Minute das Flugzeug, er verspricht sich alles davon, dann sagt er: Alle können nächste Woche nach Hause. Alle husten und hoffen und haben die Fieberthermometer in der Achselhöhle, unter der Zunge, im After, und die zehn Zentimeter langen Nadeln im Fleisch. Die dunklen, kalten Balkone sind abbruchreif, keiner traut sich heute nacht aufs Geländer zu steigen und der Nachtschwester zu drohen, die für den Nachtarzt heißen Kaffee kocht; alle machen die Pläne allein, der Plan ist ein Tunnel, oder man müßte direkt hinaus in die Wüste, müßte das Kamel aus dem Zoo befreien, es lospflocken, anschirren, damit reiten durch Brandenburg. Auf das Kamel wäre Verlaß. Fliehen auf dem Kamel. Da kommt mitten in der Nacht eine Gebührenerhöhung, ein Schweißausbruch wie noch nie. Es ist ganz furchtbar. Das Zimmer kostet jetzt tausend Goldmark. Alle greifen nach den Klingeln und drücken den Knopf.

Auf dem S-Bahnhof Bellevue humpeln die Versehrten die Stiegen herunter, das Licht schwankt wie in einem Gewölb, die meisten haben Armbinden, gelb mit schwarzen Kreisen, Stöcke zum Stützen, geschiente, verkürzte Gliedmaßen. Alles ist versehrt, nicht durch Geschosse, sondern inwendig, die Körper sind durcheinander, sie sind oben oder unten zu kurz, das Fleisch ist ganz stumpf und gelähmt in den Gesichtern, ganze Mund- und Augenwinkel sind schief, und der unsichere Bahnhofsschatten macht alles noch ärger. Die Schaffnerin am Schalter muß die Dekke mitsamt der S-Bahn stemmen, denn es dröhnt wieder. Die Frau hat zum Glück diese riesigen Muskeln und Hände, sie stützt, während sie gleichzeitig Fahrkarten ausgeben muß, schon wieder die S-Bahn, weil der Gegenzug zur Friedrichstraße darüber hinwegrollt. Da fällt doch ein Teil der Decke herunter, auf dem auch die Siegessäule steht, dann rattert wieder die Bahn, Richtung Wannsee. Es ist eine Katastrophe. Die Leute suchen Zuflucht im Restaurant nebenan, sie hocken unter den Tischen, sie wollen den Angriff abwarten, aber die Schaffnerin kommt und sagt, es sei

kein Angriff. Es geht weiter. Es wird nicht mehr vorkommen.
Der Chefarzt darf nicht mehr belästigt werden, das Ergebnis steht schon seit Jahren auf dem Blatt, aber es wird nicht gezeigt. Es muß eine »Disharmonie« sein. In der ganzen Stadt sickert etwas durch, alle wollen »Disharmonie« gelesen oder gehört haben, manche haben es sich schon gedacht. Aber es steht nirgends öffentlich. Es werden noch mehr Bäume gepflanzt, alle in den Sand, Bäume aus Wüstenerfahrung. Alles geht endlich arbeiten, schweigend. Alle in weißen frischen Hemden, die im Nacken zugebunden sind. Es ist jetzt keine Aufregung mehr. Es dämpft sich alles. Die meisten sind auch im Halbschlaf.
Die Straßen heben sich um fünfundvierzig Grad. Die Autos, die auf den Horizont zu unterwegs sind, rollen natürlich zurück, die Radfahrer verlieren den Halt, sie purzeln am schnellsten auf einen zu, man kann auch nicht hindern, daß die Autos Schaden anrichten, da kommt alles zu spät, ein Sportwagen rast rückwärts in die Anstalt hinein, alle Eimer, Spucknäpfe, Eßkarren und Tragbahren spritzen hoch. Es ist eine Detonation. Der Chefarzt geht darüber hinweg, es wird still aufgeräumt, er muß rasch weg in die Stadt, muß zum Skat. Aber im Funkturmrestaurant beginnt es jetzt auch. Die ganze Stadt kreist, das Restaurant hebt und senkt sich, bebt, ruckt, es kommt alles immer mehr ins Rutschen, Potsdam ist mit allen Häusern in die Häuser von Tegel verrutscht, die Kiefern hängen mit allen Nadeln verkrallt ineinander. Im Restaurant klammern sich alle an die Stuhllehnen und sprechen weiter, keiner gibt es zu, jetzt schaut einer den anderen an, wie das letzte, was er sehen wird, jetzt sind die Augen von allen ineinander, während die Tische mit den gebratenen Enten und Mandeln im hohen Seegang sind; dann schwenken die Gläser den Wein, die Gabel biegt die Zinken nach unten, die Messer schneiden fahrig ins Ketchup, die rote Sauce rinnt übers

Tischtuch, das sofort weggerissen und allen gezeigt wird, dann steht der Einsturz bevor, es ist etwas Furchtbares, es schluchzt, ist in einem Hals, kann nicht vor und zurück, es ist nie wieder gutzumachen.
In der Akademie sind alle Türen und Fenster aus Glas, es gibt keine Vorhänge, damit alles im Licht liegt, es wird gleich nach Mitternacht hell, nur die Porträts sind mit Tüchern verhängt. Die Ausstellung ist eröffnet, lauter Köpfe, es sind auch alle anwesend vor ihren Bildern. Die Aussteller suchen noch nach dem Bild, das zerschnitten werden soll. Vorher ist ein langes furchtbares Warten, jeder meint, er wird geköpft, aber dann ist es ein anderer. Trotzdem muß alles weinen. Das Feuer, das plötzlich ausbricht, aus dem Keller kommt, ist die Rettung, alles flüchtet hinaus, zu den Autos auf dem Vorgelände, springt in die Autos. Manche haben Feuer gefangen, laufen in den Tiergarten, werfen sich hin und werden gelöscht, es sind lauter bekannte Personen. Bei Kempinski treffen sich alle wieder, der Vorfall ist vergessen, die Kellner bringen die kleinen Waschbecken für die Füße, jeder zieht die Socken aus und stellt die Füße ins warme Seifenwasser. Die Füße werden warm und leicht. Es ist eine Wohltat. Das schwarze Wasser fließt über den Boden. Die Kellner kommen mit den Servietten und trocknen die Füße.
Wegen der Politik heben sich die Straßen um fünfundvierzig Grad, die Autos rollen zurück, die Radfahrer und Fußgänger wirbeln zurück zu beiden Seiten der Straße, man kann nicht hindern, daß die Autos Schaden anrichten. Die Fußgänger verfangen sich, halten ihr Gebiß zusammen, sie sprechen nicht, aber sie schauen, mit den Händen fest über dem Mund, schauen aus nach einem Halt. Mit den Augen sagt einer: Am besten ist es noch hier, man bleibt am besten hier, hier kann man es noch am besten aushalten, besser ist es sonst nirgends. Dann wiederholt sich alles auf dem Funkturm, aber die märkische Sandwüste mit den

letzten Kiefern und Birken darin liegt ganz ruhig da, während alles sich dreht. Am besten: man schaut mit den Augen fest in den Sand. Der Schwindel hört auf, die Kissen im Rücken werden von der Schwester aufgeschüttelt. Es ist besser. Am besten ist es noch hier.
Ins Gewitter gekommen ist der See. Zweihundert gezählte Blitze sind in ihn gefahren. Ins Gewitter ist die weitere Umgebung gekommen, die weißen Vögel sind darum fortgeflogen. Aber am See entsteht eine Musik, rasch hingeworfen, rasch dem gewellten Wasser anvertraut, das bald friert, auftaut, verschlammt, wieder friert. Die Angeln, steif, sind eingemauert im Eis, mit den Tönen an den Haken, auch die Musik ist erfroren, während über die Avus das Autorennen geht, der donnernde Lärm von Berlin die ängstliche Stille Berlins ins Gebet nimmt. An Schlaf ist nicht zu denken. Die rote Grütze, die es abends gibt, wird von den Patienten zurückgeschickt, niemand bringt einen Löffel hinunter, niemand will mehr einen Blitz zählen und dazu seinen Löffel voll schlucken. Die Schwestern tragen mißbilligend alle Blumen aus den Zimmern und stellen die Vasen auf den Gang.
Auf dem Weg zur Krummen Lanke, neben der Perle des Grunewalds, die einen Stich hat, liegt der riesige Laubbaum, gefällt, abgebrochen einen Meter über dem Boden, quer über den Weg. Die Patienten, denen Spaziergang verordnet ist, wollen trotzdem hinunter ans Wasser, aber die Schwester befiehlt allen, stehenzubleiben, steigt allein über den Baum, sieht nach, hebt die Äste, schaut, ob Blut an den Ästen ist, ob der Baum jemand getötet hat. Sie winkt, man weiß jetzt nicht, ob sie Blut gefunden hat oder nicht. Man wird unruhig, jeder will wissen, ob er hier erschlagen worden ist, es wird unangenehmer, niemand hat einen Mantel mit, es regnet schon wieder, das Geschrei geht los, keiner will auf seine Station zurück, weil er nicht weiß, ob es die richtige ist. »Es muß mehr sein als eine Dis-

harmonie«, schreien ein paar und fangen an, um sich zu schlagen. »So ist keine Disharmonie, es muß etwas Schlimmeres sein, man muß es uns sagen!« Es regnet alle durch bis auf die Haut, die Hemden sind angeklatscht, es geht jetzt rascher wegen der Kälte, wegen dem Regen im Mund, dem Wasser in der Nase, dem Bach über den Augen. Der Kollaps ist schmerzlos unter dem Baum.
Berlin ist aufgeräumt. Die Geschäfte sind übereinandergelegt, geschichtet zu einem Haufen, die Schuhe und Zollstöcke, etwas von dem Reis und dem Kartoffelvorrat und Kohlen natürlich, die vielen Kohlen, die der Senat gespeichert hat, liegen deutlich erkennbar am Rand herum. Der Sand ist jetzt überall, in den Schuhen, auf den Kohlen. Die großen Schaufenster, obenauf die mit dem Geheimnamen *Neckermann* und *Defaka*, sind als Glasdächer über allem, man sieht durch, kann aber nur wenig erkennen. Eine Kneipe in Altmoabit hat darunter noch offen, niemand versteht, wie das möglich ist. Es ist doch schon aufgeräumt. Der Wirt schenkt doppelte Doornkaats ein, er gibt selber einen aus, seine Kneipe ist die beste gewesen, die älteste, immer voller Leute. Die Leute sind aber nicht mehr in Berlin. Er spendiert noch einmal eine Runde, es wird immer sofort ausgetrunken, er muß wieder geben, so geht das, doppelter Korn, großes Bier und immer doppelt. Die Spree und der Teltowkanal sind schon vollgelaufen mit Korn, die Havel schäumt bis obenhin vom Bier, niemand kann mehr deutlich reden unter dem vielen aufgeschichteten Glas; alles, was gesagt wird, läuft zu den Mundwinkeln heraus, fast unverständlich, es will auch niemand mehr reden, nur noch so etwas sagen, an den Mundwinkeln läuft sowieso alles weg, alles doppelt. Dann läuft es auch aus den Augen heraus, es ist fast nichts mehr zu sehen.
So still ist's geworden und Nacht. Seit damals war niemand mehr auf der Straße. Versandet und verwachsen sind die alten Villen, sinken immer tiefer ein in den Gärten. Am

Knie der Koenigsallee fallen, jetzt ganz gedämpft, die Schüsse auf Rathenau. In Plötzensee wird gehenkt. In der Telephonzelle rollen die Pfennigstücke – alle umsonst eingeworfen – unten wieder heraus. Es kommt keine Verbindung zustande. Von Halensee bis zum Zentrum ist kein Mensch zu finden. Im Café Kranzler, bei gelöschtem Licht, obwohl Nacht ist, kauen an allen Tischen die alten Frauen, mit Filzhüten auf dem Kopf, an ihren Kuchenstücken, sie nehmen oft zwei gleichzeitig in den Mund, weil niemand es sehen kann. Die Kellnerin bleibt mit den hohen Absätzen in der Schlagsahne hängen und bespritzt sich die Rüschen im Haar und über dem Bauch. Die alten Frauen fressen und fressen, und die alten Männer stehen vor dem Kranzler, mit den Hutständern in der Hand, einige knien auf den Trottoirs und zeichnen ihre alten Frauen auf den Asphalt, machen obszöne Witze mit blauer und rosa Kreide, sie kreiden ihre Frauen breit auf den Boden, nackt, mit schweren Schenkeln, die Karabiner dazwischen. Im Kranzler halten die Frauen die Filztöpfe fest über die Augen gezogen, sie kauen und greifen zu, seit damals.
Die Kranken haben eine Stunde Ausgang und kommen nach wenigen Minuten zurück. Ein Amerikaner, aus Blei vermutlich, mit kurzem weißem Helm und gesenkter Maschinenpistole, steht angewachsen am Verteiler, Stadtring Süd. Die Manöver gehen über Stunden, das Grollen, das dumpfe zornige Murmeln ist leicht vernehmbar durch die billigen Vorhänge. Die Hilfsschwester sagt, sie höre nichts, es seien bloß die Manöver; sie putzt die Klinken und Wasserhähne, lacht und singt: Das ist kein Krieg. Die Lastwagenkolonne mit den jungen rotnasigen Engländern kommt zum Stehen, zwei sowjetische Posten gehen auf die Straße, es wird geredet und gezählt, dann versteht einer den anderen nicht. Die Hilfsschwester redet dazwischen. Auf einmal sind viele Arten von Panzerwagen da, die einen wollen die anderen nicht nach Berlin hineinlassen, es entsteht eine

Aufregung. Die Hilfsschwester muß lachen und gibt heimlich eine Zigarette. Dann gehen wieder Posten hin und her und lassen sich nichts anmerken, niemand hat das mit der Zigarette gesehen. Die Zigarette darf geraucht werden in Berlin. Die Panzer fahren schließlich hintereinander alle in die Stadt. Die Schwester singt.
In der Friedrichstraße ist noch ein anderer Übergang, eine Aus- und Einfahrt für Rotkreuzwagen und schwarze, große Autos, deren Fenster mit Vorhängen geschlossen sind. Es ist dunkel, es wird geflüstert, die Uniformierten winken ab und zeigen, wo der Checkpoint Charlie ist, immer geradeaus, in der anderen Richtung, bis Mitternacht. Am richtigen Übergang sind sie nicht gerade ungehalten, daß man am falschen Übergang war, aber es wird schon wieder geflüstert, man denkt, man hat einen Fehler gemacht und hält den Paß hoch, jetzt wird Schlagermusik angedreht, und die schönsten Pässe bekommen einen Stempel. Dann muß man vom Auto den Lack abziehen, es geht schnell, der Lack geht in Streifen wie kaltes Wachs ab, dann muß man dreimal auf Blech klopfen, einmal mit dem Fuß gegen den Reifen stoßen, dann bekommt man eine Mark, die muß auf den Boden geworfen werden, Kopf oder Adler. Alle grüßen, man grüßt in den Rückspiegel und fährt zurück.
Die Woche fängt an mit Nepal und Ghana. Am Dienstag werden unter Beschwerden und wütenden Kommentaren die Kongolesen hin- und hergerissen von einer Seite der Friedrichstraße zur anderen, am Mittwoch hat Pakistan einen Rundreiseautobus, am Donnerstag sind die Abordnungen vom Südpol nur auf einer Seite und werden auf der anderen verschwiegen. Die gemischten Besucher vom nächsten Abend fahren mit den Perücken vom Schiller-Theater weg und bekommen am Schiffbauerdammtheater die Kostüme dazu geschenkt, dann gibt es eine Stockung, die Mittelamerikaner reißen das Brandenburger Tor aus

und nehmen es zum Andenken mit, dann kommen die Malaien und verschwinden mit der Siegessäule. Plötzlich haben die Zigeuner Berlin besetzt und schlagen die Zelte auf, die Berliner flüchten in die Außenbezirke, dann waschen die Zigeuner allen die Wäsche, die flattert bis Lichterfelde. In der Philharmonie eröffnen die Fanfaren mit einem neuen Stück, es muß Sonntag sein. Es ist Auferstehung. Ostern. Unter den Linden sind schwarz, rot und gold die Osterglocken versteckt. Die Gedächtniskirche fährt zum Himmel.
Die Kinder hat man auf die Straße geschickt und auf die Betonsperren. Sie reiten auf den Sperren und haben hundert Wünsche. Sie wollen Soldat oder Flieger oder Spion werden, wollen heiraten und sonntags Hühnchen, wollen Stacheldraht und Pistolen und Lakritzen und abends Märchen. Die Posten, die zu groß sind, um sich mit Kindern anzulegen, sind aber insgeheim aufgebracht und jagen sie zum Essen nach Hause. Die Kinder sind wie die Kletten auf dem Beton. Die Posten fluchen. Alle warten auf den Zirkus. Die unruhigen, festen Ponys, die in ihrer Haut schwappenden langsamen Elefanten kommen, eskortiert von den Alliierten, die Allee herauf. Der Zirkusdirektor im offenen Auto winkt den Passanten zu, die warten müssen, er spricht unaufhörlich über einen Lautsprecher, er preist seine Löwen und Affen an, aber nicht die Kamele, die zuletzt kommen und ihren Kopf still und hoch tragen. Die Kamele bleiben immer weiter zurück, sondern sich ab, sie gehören zum selben Zirkus, aber sie haben nichts mehr damit zu tun. Die Kranken haben nur auf die Kamele gewartet, gehen auf die Kamele zu, stellen sich unter ihren Schutz. Die Felle riechen inbrünstig nach Wüste, Freiheit und Draußen, jeder geht mit seinem Kamel und kommt ungehindert weiter, querfeldein geht's, durch den Forst, man schwimmt mit dem Kamel durch die Gewässer, sitzt endlich auf, es geht durch alle Forste und Gewässer. Das

Kamel scheut kein Wasser, es hört keinen Pfiff, keinen Rettungswagen, keine Sirene, keine Nachtglocke, keinen Schuß. Noch ein Forst, dann wieder ein Forst. Im Sand wird das Kamel immer schneller. Ein letzter Forst. Man ist draußen.

Der Holzstoß ist errichtet am Bahnhof Zoo, Ecke Joachimsthalerstraße. Es ist Zeitungsstille. Keine der Zeitungen, mit denen das Feuer angefacht werden kann, ist erschienen. Der Kiosk ist leer, nicht einmal die Verkäuferin ist da. Sie hat sich verlobt mit der Bundeswehr. Die Leute zögern, dann nimmt jeder beherzt ein Scheit. Einige tragen ihr Scheit sofort unter dem Überzieher nach Hause, andere fangen an Ort und Stelle mit dem Taschenmesser ins Holz zu schnitzen an, was ihnen in den Sinn kommt: Sonnenzeichen, Lebenszeichen. Ein paar Leute machen gemeine Bemerkungen und sagen, das Holz sei feucht. Ein uralter Mann fuchtelt mit seinem Holzscheit und schreit: Sabotage! Es wird den andren in die Hände gespielt! Und wirklich gehen die Scheite schon reihum, einer spielt dem andern ein Scheit zu, aber niemand zündelt, alle sind ganz vernünftig. Bald ist das Holz weg, und der Verkehr geht weiter. Mit einemmal erscheinen die Zeitungen doch, erst die ganz kleinen Zeitungen, mit schwarz verfetteten Buchstaben, mit schwartigen Balken, überschüssigem kalten Fett, das an den Rändern herunterläuft. Dann die ganz großen Zeitungen, die mageren, ganz ausgekochten, mit dünner Brühe überlaufenen, die mit den Handschuhen in die Hand genommen werden.

Der Brief sieht bedrohlich aus, ist schwarzgrün oder schwarzblau. Man ahnt es bereits. Es ist nicht der erwartete Brief, es ist ein anderer Brief. Er ist kurz. Die Versicherung, die für Berlin zuständig ist, erklärt, daß sie nicht zuständig ist, es ist ein vorvertragliches Leiden. Der Schmerz wird niedergehalten, und weil keiner der Ärzte da ist – weil sie nur da sind bei den großen Anlässen am Vormittag, nur bei den Visiten –, sagen alle zu den Schwestern, es sei ungerecht, es stimme nicht, es sei dann ja alles unheilbar. Die Schwestern lassen nicht erkennen, auf welcher Seite sie sind und wieviel sie wissen. Sie setzen die Tabletts mit den Fruchtsäften ab, lassen auch einmal eine Flasche Bier zu, hinter dem Rücken der Ärzte, blinzeln, als dürfte man Vertrauen fassen, als sei es nicht unheilbar. Immer diese Gefälligkeiten! Die Schwestern reden an der Hauptsache vorbei, es ist »Diplomatie«, ja, so heißt es, es sickert langsam durch. Alle sagen, unter den niedergehaltenen Schmerzen, es sei jetzt die »Diplomatie«. Man wird nichts tun können. Die Erschöpfung ist zu groß. Alle trinken ihre Säfte und liegen schweratmend da. Die Leinentücher werden glattgestrichen. Einen Augenblick lang ist alles gut.

Berliner Zimmer, dämmriges Gelenk in der lichten Zimmerflucht, an dem hohen Plafond die Stucktröstung, eine Erinnerung, daß es damals in Schöneberg war. Bedenkzelle zwischen lauten Zimmern. Die Flausen, die Federn darin, die alle gelassen haben, es ist lange her, ist nicht lange her. Es ist ein Fest, es sind alle eingeladen, es wird getrunken und wird getanzt, muß getrunken werden, damit etwas vergessen wird, etwas, es ist – falsch geraten! – ist heute, war gestern, wird morgen sein, es ist etwas in Berlin. Alle tanzen schweigend, die jungen Leute legen die Wangen aneinander. Dann trinken alle doch sehr viel, ein großer schwarzer Kater bäumt sich bis zur rosenverzierten Decke. Die letzten Gäste schreien sich die Seele aus dem Leib, sie wissen nicht mehr, was sie reden: Kann ich, kann ich, hab ich, hab ich, mach ich, mach ich! Die Autos springen alle nicht an, es wollen alle übernachten in diesem Zimmer. Der Chefarzt wird zu spät zum Skat kommen, er hat ausnahmsweise noch einmal hereingesehen und den Finger auf den Mund gelegt. Man weiß nicht, ob Hoffnung ist, aber wenn keine Hoffnung ist, so ist es jetzt doch nicht ganz furchtbar, es dämpft sich, es muß nicht Hoffnung sein, kann weniger sein, braucht nichts zu sein, es ist nichts, es ist, ist vorbei an *Scharnhorst, Versicherungen, Zigarren, Schokoladen, Leiser, Feuersozietät, Commerzbank, Bolle,* vorbei, das letzte Flugzeug ist eingeflogen, das erste fliegt ein nach Mitternacht, fliegt alles gehörig hoch, nicht durch das Zimmer Es war eine Aufregung, war weiter nichts. Es wird nicht mehr vorkommen.

[Rede zur Verleihung des Anton-Wildgans-Preises]

Meine Damen, meine Herren, verehrte Anwesende,
ich bin nach Wien gekommen, um ein Geschenk entgegenzunehmen, den Preis, den Sie mir verleihen, und daher also, um zu danken dafür. Nun dankt sonst der Nehmende dem Schenkenden mit den gebührenden Worten. Nur von einem Schriftsteller erwartet man, daß er überdies auch eine Rede hält, wenn möglich eine gewichtige, bedeutende, Vieles sagende, und das kann nichtssagend heißen, und da es ihm auch freisteht, zu reden worüber er will, so dürfte er sich sogar äußern zu allen Zeitfragen und Problemen, zu den allerhöchsten sogar, denn man meint, dieser Spezies müsse es ein Leichtes sein, über die trüben Tagesrätsel wie über die Welträtsel zu reden. Nur ist das leider nicht wahr. Schon daß jemand, wie ich in dieser Stunde, in die Öffentlichkeit geht und den Mund aufmacht, muß ihn denken lassen, daß er völlig fehl am Platz sei. Daß schier eine Verfälschung seiner Person stattfindet, wenn er von noch soviel freundlicher Aufmerksamkeit umgeben ist, denn eine Stunde wie diese hat absolut nichts zu tun mit allen meinen anderen Stunden, meine Existenz ist eine andere, ich existiere nur, wenn ich schreibe, ich bin nichts, wenn ich nicht schreibe, ich bin mir selbst vollkommen fremd, aus mir herausgefallen, wenn ich nicht schreibe. Wenn ich aber schreibe, dann sehen Sie mich nicht, es sieht mich niemand dabei. Sie können einen Dirigenten sehen beim Dirigieren, einen Sänger beim Singen, einen Schauspieler wenn er spielt, aber es kann niemand sehen, was Schreiben ist. Es ist eine seltsame, absonderliche Art zu existieren, asozial, einsam, verdammt, es ist etwas verdammt daran, und nur das Veröffentlichte, die Bücher, werden sozial, assoziierbar,

finden einen Weg zu einem Du, mit der verzweifelt gesuchten und manchmal gewonnenen Wirklichkeit. Alles, was mir nicht unwert vorkommt, denkend ausgedrückt zu werden, geht ein in die Arbeit. Was »Schreiben« ist, das hat man seit langem zu definieren versucht, aber auch was von größeren Geistern gesagt worden ist, klingt nicht rein für [– – –], sondern beliebig, auch hohl. Es ist unwichtig zu wissen, welche skurrilen oder noblen, weltfremden oder [– – –] Ideen manche Dichter hatten, die dennoch große Werke hinterlassen haben. Sie sind wirklich geblieben. Ihre Bekenntnisse hätten sie sich sparen können.

Ich kenne nur meinen Schreibtisch, der mir verhaßt ist, aber ich würde ihn doch nicht verlassen, wenn es nicht so listige Überredungskünste gäbe wie diesmal die Ihren, die einen aufstehen lassen, erleichtert einen Moment lang, aber schon im nächsten Moment weiß man doch, es war eine Flucht, eine Verführung, und man wünscht sich zurück auf die Galeere. Wer einen dazu zwingt? Niemand natürlich. Es ist ein Zwang, eine Obsession, eine Verdammnis, eine Strafe.

Aber Sie erwarten – ich weiß leider nicht, was Sie erwarten –, daß, wenn schon nicht vom Höheren die Rede ist, zumindest eine Äußerung kommt zu diesen, wie ich höre, so brennenden Aktualitäten. Ich sehe davon ab, daß es wirklich zu viel Furchtbares, Schandbares gibt, denn das zu bereden, und in einer Feststunde dazu, das hieße, es sich einfach machen. Ich bin auch nicht da, um Sie darüber zu belehren, zu dozieren, Sie zu schockieren, denn das Entsetzen ist in Ihnen, und wäre es nicht, dann könnte niemand Ihnen helfen.

Die brennenden Aktualitäten aber, die man sich für Schriftsteller allerorts ausdenkt und die mich nicht erhitzen, sehen so aus. Sie bekommen mindestens dreimal in der Woche Briefe, Sie sollen sofort, Sie müssen sofort, bis zum 15., bis zum 23., und auch nur wenige Seiten – man beden-

ke, nur wenige Seiten! sich äußern zu etwas, Sie sollen sagen, warum Sie schreiben, und was denken Sie über den Schriftsteller in dieser Zeit, und der Schriftsteller und die Gesellschaft, er und die Verhältnisse, und er und die Massenmedien, und [ob] Sie glauben, ob Sie meinen, daß, und ob Sie vielleicht nur für sich selber schreiben, oder um die Welt zu verändern. Reisen Sie sofort, nach London, nach Moskau, nach New York, weil dort offenbar etwas Gewichtiges Ihrer Entscheidung harrt – es ist mir nur noch nie aufgefallen, daß ich oder andre etwas beitragen konnten zu diesen großen Entscheidungen, mit Unterschriften für, mit Unterschriften gegen, und wenn es zufällig aussieht, als hätte auch ich mein Teil getan, nach bestem Wissen und Gewissen, so weiß ich doch, daß ich nichts bewirkt habe auf diese Weise, ich habe noch keinen Krieg beenden können, denn Schriftsteller verfügen über keine Macht, keinen Einfluß.
Es ist eine furchtbare Verwirrung, die so viele nicht mehr zum Schreiben kommen läßt, und die Reden, in die sie flüchten, verhallen, es erinnert sich [kein] Mensch mehr nach einigen Jahren, was alles, in gutem Glauben, geredet worden ist, und die neuen Aktualitäten sind schon wieder brennende, es muß wieder etwas getan und beschlossen werden, von Menschen, die niemand beachtet.
Was ich früh aber über mein Leben gesetzt habe, sind ein oder zwei Gebote, an die habe ich mich gehalten. Und sie haben mich bis heute gehalten, mein einziger Schutz. Wenn ich sie verschweige, so darum, weil ich, sie aussprechend, sie und mich verraten würde, und deswegen möchte ich, daß ich einfach gelesen werde. Meinungen hat jeder, die eines Schriftstellers sind belanglos, und was nicht in seinen Büchern steht, existiert nicht. Gelesen werden also ja, so wie ich Bücher gelesen habe, die mich und andere verändert haben, denn von Büchern, die die Welt verändern, gibt es nur wenige, und deren Autoren haben nicht

wissen können, daß sie damit eine Welt verändern würden, die sich dann aber doch etwas anders verändert hat, als es anzunehmen war.
Die Forderungen, die darum an Schriftsteller gestellt werden, aufs Leichtfertigste, doch zumindest die Welt zu verändern, sind völlig sinnlos. Ein aufnehmendes, abgebendes, verändertes Ich, verändert schreibend, ist etwas anderes, und zu den Aktualitäten habe ich nur zu sagen, daß man sie hinwegschreiben muß, man muß die Aktualitäten seiner Zeit korrumpieren, man darf sich nicht von den Phrasen, mit denen diese Aktualitäten einem aufgedrängt werden, korrumpieren lassen. Ein Schriftsteller hat die Phrasen zu vernichten, und wenn es Werke auch aus unserer Zeit geben sollte, die standhalten, dann werden es einige ohne Phrasen sein. Es bedarf also nicht so sehr der Talente, denn es gibt viele, sondern [der] Schriftsteller, denen es möglich ist, den Charakter auf der Höhe ihres Talents zu halten, und das ist das Allerschwierigste. Das Kryptokristallinische dieser Worte ist mir bewußt, wir wissen nicht, was Talent und was Charakter ist, aber ich kann redend nur mit der Ohnmacht der Rede auf etwas hindeuten, das mir wichtiger erscheint als das idiotische Gerede von [der] Rolle des Schriftstellers gestern, heute und morgen. Die kristallinischen Worte kommen in Reden nicht vor. Sie sind das Einmalige, das Unwiederholbare, sie stehen hin und wieder auf einer Seite Prosa oder in einem Gedicht.
Es sind für mich, da ich nur für mich einstehen kann, zu den getreusten[?] geworden:
Die Sprache ist die Strafe. Und trotzdem auch eine Endzeile: Kein Sterbenswort, ihr Worte.

KLEINERE SCHRIFTEN

Biographisches

Ich habe meine Jugend in Kärnten verbracht, im Süden, an der Grenze, in einem Tal, das zwei Namen hat – einen deutschen und einen slowenischen. Und das Haus, in dem seit Generationen meine Vorfahren wohnten – Österreicher und Windische –, trägt noch heute einen fremdklingenden Namen. So ist nahe der Grenze noch einmal die Grenze: die Grenze der Sprache – und ich war hüben und drüben zu Hause, mit den Geschichten von guten und bösen Geistern zweier und dreier Länder; denn über den Bergen, eine Wegstunde weit, liegt schon Italien.
Ich glaube, daß die Enge dieses Tals und das Bewußtsein der Grenze mir das Fernweh eingetragen haben. Als der Krieg zu Ende war, ging ich fort und kam voll Ungeduld und Erwartung nach Wien, das unerreichbar in meiner Vorstellung gewesen war. Es wurde wieder eine Heimat an der Grenze: zwischen Ost und West, zwischen einer großen Vergangenheit und einer dunklen Zukunft. Und wenn ich später auch nach Paris und London, nach Deutschland und Italien gekommen bin, so besagt das wenig, denn in meiner Erinnerung wird der Weg aus dem Tal nach Wien immer der längste bleiben.
Manchmal werde ich gefragt, wie ich, auf dem Land großgeworden, zur Literatur gefunden hätte. – Genau weiß ich es nicht zu sagen; ich weiß nur, daß ich in einem Alter, in dem man Grimms Märchen liest, zu schreiben anfing, daß ich gern am Bahndamm lag und meine Gedanken auf Reisen schickte, in fremde Städte und Länder und an das unbekannte Meer, das irgendwo mit dem Himmel den Erdkreis schließt. Immer waren es Meere, Sand und Schiffe, von denen ich träumte, aber dann kam der Krieg und schob

vor die traumverhangene, phantastische Welt die wirkliche, in der man nicht zu träumen, sondern sich zu entscheiden hat.

Später ist vieles so gekommen, wie man es kaum zu wünschen wagt: Universitätsstudium, Reisen, Mitarbeit an Zeitschriften und Zeitungen und später die ständige Arbeit im Rundfunk. Das sind alltägliche Stationen eines Lebens, die austauschbar und verwechselbar sind; das Leben selbst beruft sich nicht auf das Mittelbare.

Es bleibt noch die Frage nach Einflüssen und Vorbildern, nach dem literarischen Klima, dem man sich zugehörig fühlt. – Ich habe einige Jahre hindurch viel gelesen, von den neueren Dichtern vielleicht am liebsten Gide, Valéry, Eluard und Yeats, und es mag sein, daß ich von ihnen manches gelernt habe. Im Grunde aber beherrscht mich noch immer die mythenreiche Vorstellungswelt meiner Heimat, die ein Stück wenig realisiertes Österreich ist, eine Welt, in der viele Sprachen gesprochen werden und viele Grenzen verlaufen.

Gedichte zu schreiben, scheint mir das Schwerste zu sein, weil hier die Probleme des Formalen, des Themas und des Vokabulars in einem gelöst werden müssen, weil sie dem Rhythmus der Zeit gehorchen und dennoch die Fülle der alten und neuen Dinge auf unser Herz hinordnen sollen, in dem Vergangenheit, Gegenwart und Zukunft beschlossen sind.

[Wozu Gedichte?]

Einem Dramatiker oder Erzähler wird die Frage, welche seiner Arbeiten ihm die liebste sei, nicht viel Unbehagen machen; es wird ihm hoffentlich einfallen, daß die eine oder die andere einigen Menschen Freude bereitet, Einsicht gebracht oder sie unterhalten hat – sei's auch nur ein paar Stunden lang. Ich habe noch nie gehört, daß jemand einem Gedicht einen fruchtbaren Nachmittag oder Abend verdankt, obwohl es zweifellos noch immer Liebhaber von Lyrik gibt und Leute, die sich dran zu erbauen vermögen. Dann gibt es noch die Kinder, die Gedichte auswendig lernen müssen, weil Gedichte – so heißt es – das Gedächtnis schärfen.

In einem Gedicht ist also wenig Glück. Für den, der es schreibt, nahezu keins, daß es gelingt, und dann nochmals keins, daß es jemand erreicht. Es ist einsam, hat keine Funktion und kümmert mit Recht niemand. Ein Gedicht verherrlicht heute ja nichts mehr, und auch die Gläubigen haben es längst außer Kraft gesetzt. Ruhm und Glaube fallen auf es selbst zurück.

Man hört heute so oft – profaniert – die Hölderlinsche Frage: und wozu Dichter in dürftiger Zeit? Eine andere Frage, nicht weniger berechtigt, wäre: und wozu Gedichte? Was ist zu beweisen und wem ist etwas zu beweisen? Wenn Gedichte ein Beweis zu nichts sein sollten, müßten wir uns dran halten, daß sie das Gedächtnis schärfen.

Ich glaube, daß Gedichte dies vermögen und daß, wer Gedichte schreibt, Formeln in ein Gedächtnis legt, wunderbare alte Worte für einen Stein und ein Blatt, verbunden oder gesprengt durch neue Worte, neue Zeichen für Wirklichkeit, und ich glaube, daß wer die Formeln prägt, auch in sie entrückt mit seinem Atem, den er als unverlangten Beweis für die Wahrheit dieser Formeln gibt.

Wie lange ist es her, daß man uns sagte: bilde ein Wort, bilde einen Satz! Man quälte uns mit Gedichten; die Kerben schmerzen noch im Gedächtnis. Eines dieser Gedichte begann: »Ich stand an meines Landes Grenzen ...« Von welchem Ich war die Rede und von welchem Land? Was die Grenzen bedeuteten, ergab sich freilich aus dem Zusammenhang. Denn wer die Regeln gutheißt und in das Spiel eintritt, wirft den Ball nicht übers Spielfeld hinaus. Das Spielfeld ist die Sprache, und seine Grenzen sind die Grenzen der fraglos geschauten, der enthüllt und genau gedachten, der im Schmerz erfahrenen und im Glück gelobten und gerühmten Welt.

[Zur Entstehung des Titels ›In Apulien‹]

Entwurf

Über die Titel von Gedichten wird selten geredet. Wie kommt man zu einem Titel? Hat man den Titel zuerst, sucht man ihn zuletzt? Was geschieht, wenn man keinen findet. Ich glaube, alle Lyriker – und nicht nur die Lyriker – sind schon in Verlegenheit gekommen, neuerdings nimmt man gern eine Zeile aus dem betreffenden Gedicht, in der es zu kulminieren scheint, aber darf sich dann nicht wundern, daß die Leser sich an dieser Zeile festklammern und für die übrigen Zeilen nicht mehr viel Blick haben.
Bei dem Gedicht ›*In Apulien*‹ stellte sich der Titel ein; es lag ein Grund vor, es so zu nennen. Jemand, dem ich das Gedicht zu lesen gab, fragte: »Sie waren in Apulien? Wo ist das eigentlich? – – So so.« Apulien findet man auf einer italienischen Landkarte, es ist eins der unbekannteren Teile Italiens, ein altes Land, Teil Großgriechenlands, Langobardenstraße, diffus in seinen Zeugnissen, Sandsteinbarock in Lecce, Gotik in Trani und Bari, griechische Kirchen in Gallipoli, heute verwuchert und nur noch lichtüberströmt, ein Bauernland, und ein Land der kleinen Häfen, der frutti di mare, Austernbänke von Taranto, die Deutschen sind selten bis [hier]her gekommen, aber Platen, ‹. . .› klassische Italienwege führen nicht dorthin.
Natürlich war ich in Apulien; aber ›*In Apulien*‹ ist etwas andres, löst das Land auf in Landschaft, und führt sie zurück auf das Land, das gemeint ist. Es gibt wunderschöne Namen für die Ursprungsländer, die versunkenen und die erträumten, Atlantis und Orplid. »Apulien« ist ein wunderschöner Name – ich glaube nicht, daß sich jemand entschließen könnte, Le Puglie zu sagen, das italienische Wort trifft es nicht, es ist geographisch. Was ist das über-

haupt für eine merkwürdige Redeweise, »in Frankreich«, »in Schweden«, als wäre von Gefäßen die Rede, von ihrem Inhalt.

Ich bin nicht sicher, ob es noch in Apulien oder schon in Lukanien war, als ich aus dem Zugfenster sah, in einen Olivenhain, auf einen riesigen Mohnteppich, [der] bis an den Horizont lief. In einem solchen Moment zündet man sich eine Zigarette an, oder man drückt sich an die Waggonwand, weil einer vorbei will; vielleicht war es aber nicht dieser unbeachtete Moment, sondern der, an dem geschrieben wurde »In Apulien«. Der Prozeß [besteht] aus vielen Faktoren, aus Schreiben, Denken mit einer fortschreitenden Konzentration, die wieder im Schreiben mündet. Das Wasser, mit dem ein Fluß mündet, erinnert sich nicht an die Quellen, die Zuflüsse, die Ufer, die es berührt, an das Gras, über das es schäumte, und die Wurzeln und Stämme, die es mitriß.

Es gibt viele genaue Bilder für Produktion, die sich aufdrängen, für den Weg vom Prozeß zur Formel, aber nur ein genaues Bild für Prozeß und Formel, das fällt mit dem Gedicht selbst zusammen. [. . .]

Das Gedicht an den Leser

Entwurf

Was hat uns voneinander entfernt? Seh ich mich in dem Spiegel und frage, so seh ich mich verkehrt, eine einsame Schrift und begreife mich selbst nicht mehr. In dieser großen Kälte sollten wir uns kalt voneinander abgewandt haben, trotz der unstillbaren Liebe zueinander? Ich warf dir wohl rauchende Worte hin, verbrannte, mit bösem Geschmack, schneidende Sätze oder stumpfe, ohne Glanz. Als wollt ich dein Elend vergrößern und dich mit meinem Verstand ausweisen aus meinen Landen. Du kamst ja so vertraulich, manchmal plump, nach einem schönfärbenden Wort verlangend; auch getröstet wolltest du sein, und ich wußte keinen Trost für dich. Auch Tiefsinn ist nicht mein Amt.

Aber eine unstillbare Liebe zu dir hat mich nie verlassen, und ich suche jetzt unter Trümmern und in den Lüften, im Eiswind und in der Sonne die Worte für dich, die mich wieder in deine Arme werfen sollen. Denn ich vergehe nach dir.

Ich bin kein Gespinst, nicht vom Stoff, der deine Nacktheit bedecken könnte, aber von dem Schmelz aller Stoffe gemacht, und ich will in deinen Sinnen und in deinem Geist aufspringen wie die Goldadern in der Erde, und durchleuchten und durchschimmern will ich dich, wenn der schwarze Brand, deine Sterblichkeit, in dir ausbricht.

Ich weiß nicht, was du willst von mir. Zu dem Gesang, mit dem du ausziehen könntest, um eine Schlacht zu gewinnen, taug ich nicht. Vor Altären ziehe ich mich zurück. Ich bin der Vermittler nicht. Alle deine Geschäfte lassen mich kalt. Aber du nicht. Nur du nicht.

Du bist mein Ein und mein Alles. Was möcht ich nicht alles sein vor Dir! Nachgehen möcht ich dir, wenn du tot bist, mich umdrehen nach dir, auch wenn mir Versteinerung droht, erklingen möcht ich, das verbleibende Getier [?] zu Tränen rühren und den Stein zum Blühen bringen, den Duft aus jedem Geäst [?] ziehen.

Religiöses Behagen? – José Orabuena: ›Kindheit in Cordoba‹

Der Herausgeber der Aufzeichnungen seines Vaters, eines spanischen jüdischen Arztes, José Orabuena, »fürchtet sich nicht«. Da heute keinerlei Furcht mehr vor der Publikation von Memoiren, Bekenntnis- und Erinnerungsbüchern gezeigt wird, ja Bloßstellung, Enthüllung und Preisgabe des Intimsten gang und gäbe geworden sind, schenkt man dieser Bemerkung im Vorwort doppelt Aufmerksamkeit: einmal weil dem Autor bewußt gewesen sein muß, daß Aufzeichnungen persönlicher Natur die Schwelle der Scham passieren müssen, wenn sie der Öffentlichkeit zugänglich gemacht werden – zudem weil dieser Schritt eben doch getan wird. Um so wohltuender liest sich dann die Geschichte einer ›*Kindheit in Cordoba*‹ (S. Fischer Verlag, Frankfurt am Main 1951), eine Lebensgeschichte, die sich fast anspruchslos ausnimmt in ihrer Unaufdringlichkeit, im behutsamen Gebrauch jedes Wortes, jeder Zeichnung der kleinen Geschehnisse in einer Welt der Geborgenheit. Die Orabuenas, denen von altersher, um ihrer Verdienste in der medizinischen Kunst willen, zugunsten und zum Wohle Seiner Katholischen Majestät, verstattet ist, auf spanischer Erde zu wohnen und im eigenen Heim den Gesetzen des eigenen Glaubens nachzukommen, diese einstmals Schiffbrüchigen und Verfemten bilden in dem von mancherlei Unruhen bewegten Land eine Feste der Sicherheit, weniger des äußeren Schutzes wegen, den sie genießen, als des inneren, der seinen Grund in der sittlichen Ordnung ihres eigenen Werthimmels hat. Nichts ist beiläufig im Leben dieser Familie, in der der junge David heranwächst und unmerkbar dazu verhalten wird, im Hinblick auf »das menschliche Gesetz des Benehmens unseres Geistes« zu handeln.

Auf natürliche und zwanglose Weise, »in schöner Freiheit«, lernt das Kind, sich in den Tugenden zu üben, die seinen Vätern die höchsten waren, in Furchtlosigkeit, Duldsamkeit und Höflichkeit. Neben dem Beispiel, das Vater und Mutter ihm geben, wirken die Erzählungen der alten katholischen Kinderfrau, die in Gleichnissen der kindlichen Seele schenken, was sie an Wunderbarem verlangt. »In der biblischen Zeit wurde zuweilen ein Engel zu den Menschen zu Tisch eingeladen. Und es geschah, daß Lot einen Engel bei sich sah und ihm von dem Brote reichte, das er wählte. Denn es wußte Lot nicht, oder auch vergaß er es in der Erregtheit, daß die Engel keine Speise berühren. Doch der Engel gab vor, von dem Brote zu essen, damit er Lot nicht verwirre. Da aber entsann sich Lot plötzlich der Natur der Engel . . . Er erkannte, daß der Engel sich gebärdet hatte, als äße er, das war die süßeste Höflichkeit.« So weiß Fernanda zu erzählen und das ihr anvertraute Kind in Nachdenklichkeit zu versetzen.

Wenn der junge David die erste Berührung mit Fremden, mit Lehrern und Besuchern erfährt, ist sein Inneres so gefestigt – wenn auch immer empfänglich –, sein Sinn für Unterscheidung von Qualitäten so sicher, daß nichts verständlicher scheint als sein Heranwachsen ohne Spannung, ohne Konflikt. Das Andere wird betrachtet und wohlbefunden, das Eigene verschwiegen gelebt und wohlbefunden, die Aufmerksamkeit auf das Schöne, das »Gebildete« gerichtet. Und es wird offenbar, daß die Bedenken Orabuenas nur dem Leser einer »ungefälligen, ja unreinen Zeit« wie der unseren gelten, der »die sittliche und geistige Bewegtheit dieser Lebenserzählung, auch ihren langsamströmenden Fluß nicht widerspruchslos genießt, sondern für altertümlich nimmt«. Nun haben wir dem »Altertümlichen« gegenüber nie ganz die Achtung verloren und es vielleicht oft gesucht, wenn wir den Exzessen der experimentierenden Literatur, dem »Modernen« und in die Zukunft Weisenden bereitwillig folgten – und es stellt sich wie selbstverständlich der Geschmack am Stillen und Zarten ein. Eine erste Reise des Knaben nach Paris, die scheue Liebe zur jungen Katholikin Juana, aus deren Mund er erfährt, daß er das Leben nicht eigentlich verstehen könne, wenn er nicht ihrem Glauben angehöre, oder eine Begegnung mit Lamartine und Delacroix werden in ihrer Ereignislosigkeit zum Ereignis.

Die Unstimmigkeit in diesem durchwegs abgestimmten Buch ergibt sich anders. »Meine Kindheit war angenehm«, schreibt Orabuena. Gegen den mühelosen Gewinn des Angenehmen, der doch einer tiefen Bemühung entspringt, wollen wir uns nicht verschließen. Daß die klaffenden Risse in der Welt und die Einbrüche aus dunklen Bezirken, die ernste Stellungnahme erfordern, mit einer kindlichen Geste des Vertrauens geschlossen werden, kann nicht mehr unsere Sache sein. Orabuena spricht mit einer gewissen Genugtuung von der Atmosphäre »religiösen Behagens«, in der sich sein und seiner Familie Leben zutrug, von ihrem Glauben, der keiner Darstellung und keiner Zeugen bedurfte, da sie, wenngleich dem Judentum angehörig, sich seinen religiösen Geboten nicht mehr unterwarfen. Die Vorstellung, »religiöses Behagen« zu empfinden, muß heute Unbehagen auslösen, wie denn das Wort »Behagen« überhaupt aus unserem Vokabular gestrichen worden ist.

Gewiß, dies ist kein christliches Buch; ungewohnt heute und befremdend. aber doch nur, weil es weder aus dem Vakuum eines Unglaubens noch aus einem anderen starken Glauben geschrieben ist. Die Redlichkeit des Autors sei unbestritten. Und die Frömmigkeit und das Maß der Liebe, die zu Wort kommen, die Verklärung und Sinngebung aus den Dingen selbst, die humanistische Gepflegtheit, die Ungebrochenheit seiner Menschen hat etwas Tröstliches. Aber es bleibt noch die Brücke zu schlagen über den Abgrund zwischen der Welt von gestern und der

Welt von morgen. Uns, die wir in der Mitte dieser im Bau befindlichen Brücke halten, ist jedes Behagen schon geschwunden. Ohne es zu verlieren, werden wir das Land der Kindheit nicht retten, und ohne das religiöse Behagen, das es uns schenkte, einem äußersten Zweifel zu unterwerfen, werden wir keinen Anspruch haben, den Glauben, der im Anfang steht, mitnehmen zu können in den, der am Ende ist.

Kosmische Ekstasen – Alfred Mombert: ›Der himmlische Zecher‹

Im Jahre 1942 wurde der damals siebzigjährige Dichter Alfred Mombert aus »rassischen« Gründen von der Gestapo verhaftet und in ein Lager nach Frankreich gebracht. Nur der Hilfe von Schweizer Freunden gelang es, nach großen Schwierigkeiten den Schwerkranken vor dem Äußersten zu bewahren und nach Winterthur zu bringen, wo er wenige Monate später starb – in heiterer Gelassenheit und ohne Haß, wie seine Freunde und Bewunderer berichten. Kurz vor seinem Tod hat Alfred Mombert eine Auswahl aus seinen Dichtungen getroffen, die jetzt unter demselben Titel, den 1909 seine erste Anthologie trug, vorliegt: ›*Der himmlische Zecher*‹ (Insel-Verlag, Wiesbaden 1951). Dem Verlag ist für diese Geste zu danken.
Inhaltlich ist Momberts Lyrik ein charakteristisches Produkt seiner Zeit; zum erstenmal seit der Romantik gibt ja der deutschen Dichtung wieder die »freie, schöpferische Phantasie« den Impuls, und es wird der Lyrik ein Bereich wiedergewonnen, aus dem sie sich ins absolut Irrationale und Phantastische verliert. Wieder steht der Dichter vor der Fülle formloser Visionen und chaotischer Schöpfungsfragmente; nur kann er sie diesmal, bestenfalls, notieren. Das Menschen- und Landschaftsbild wandelt sich ins Heroische; in monistischer Schau sind für Mombert Schöpfung, Gott und Dichter eins. Teils in ihrem aufgelösten Rhythmus, teils auch im Inhalt weisen einige Partien seiner »poésie ininterrompue« auf Arno Holz' ›*Phantasus*‹, auf Däublers ›*Nordlicht*‹ und Spittelers ›*Olympischen Frühling*‹. Und wider Willen kommt sie in die Nähe Georges zu stehen. Die Gesichte irrationaler Erhabenheit streifen das Groteske, und die Konsequenz zieht zweifellos

Morgenstern. Sieht man sich nicht versucht, Verse Momberts oder Stücke der Algabal-Lyrik aus ihrer Umgebung zu lösen und in die Nähe der Palma-Kunkel- oder Palmström-Gedichte zu versetzen?

Carossa bemerkt ganz richtig: »Sein Werk wollte nur höchste Gipfel zeigen; man sah selten die Berge, von denen sie getragen wurden ...« Das Unternehmen Momberts scheint im Bodenlosen zu beginnen und im Bodenlosen zu enden. Die Flucht in den Kosmos, in die weißen Zelte auf Mondlichtwiesen gibt sich als unbewußte Furcht vor der Auseinandersetzung mit der zunehmenden Verdunkelung der Welt zu erkennen, aber der Flug in das ferne Licht anderer Sphären kehrt sich in den Sturz ins Dunkel. »Gott ist vom Schöpferstuhl gefallen, / hinunter in die Donnerhallen / des Lebens ...« – an seiner Statt durchmißt der Dichter den »jungen Silber-Äther«. Nietzsche-Töne klingen an; der ewige Kampf und das ewige Werden, die heldenhaften Linien aus der Geschichte der Völker begeistern, und so zeigt sich das Ethos der Mombertschen Dichtung, paradoxerweise, dem des bald die Macht ergreifenden, praktizierenden Nihilismus verwandt. »Ich töne im Zusammenklang von Völkern! / Will einer mich anklagen? / Glaubt einer, die Glücke der Zeiten würden milder? / Wer Milde sucht, der scheide sich von mir ...«

Mombert, der das Grenzenlose liebte, erfuhr aber am Ende die Grenze; und die Milde, die er dem Geist nicht gewährte, versagte sich ihm in einem Ausmaß, das er selbst nicht gewünscht haben konnte. Daß diese Dichtung dem Mißbrauch durch das nationalsozialistische Regime entzogen wurde, ist aber ein Werk jenes Geistes der Milde gewesen, dem die »freie, schöpferische Phantasie« den Rang ablief.

Das Fazit ist zweifellos schmerzlich: Ekstase, Trance und Rauschzustand werden in der »Geschichte der Literatur« konserviert, die Kolossalvision ist dissertationsreif geworden. Auf der Flucht aus der Zeit ist wieder ein Werk von der Zeit überholt worden: die »Traum-Himmel« und »Äther-Gewölbe« sind zusammengestürzt, und es zeigt sich, daß auch Dichter, die den Schöpferthron einzunehmen meinten, fallen können – »in die Donnerhallen des Lebens« . . .

Franz Kafka: ›Amerika‹

2. SPRECHER »Als der sechzehnjährige Karl Roßmann, der von seinen armen Eltern nach Amerika geschickt worden war, weil ihn ein Dienstmädchen verführt und ein Kind von ihm bekommen hatte, in dem schon langsam gewordenen Schiff in den Hafen von New York einfuhr, erblickte er die schon längst beobachtete Statue der Freiheitsgöttin wie in einem plötzlich stärker gewordenen Sonnenlicht. Ihr Arm mit dem Schwert ragte wie neuerdings empor, und um ihre Gestalt wehten die freien Lüfte.«

1. SPRECHER Beginnt so wirklich ein Buch Franz Kafkas?

2. SPRECHER ». . . und um ihre Gestalt wehten die freien Lüfte . . .«

1. SPRECHER Denn die »freien Lüfte« finden wir nirgends mehr in seinem Werk, nicht früher und nicht später. Der Roman ›*Amerika*‹, den der S. Fischer Verlag, ediert von Max Brod, vor kurzem neu herausgebracht hat, ist ein Sonderfall geblieben. Max Brod weiß zu erzählen:

2. SPRECHER »An diesem Werk arbeitete Franz Kafka mit unendlicher Lust, meist abends und bis spät in die Nacht hinein. Kafka war sich bewußt, daß dieser Roman hoffnungsfreudiger und ›lichter‹ sei als alles, was er sonst geschrieben hat.«

1. SPRECHER ›*Amerika*‹ ist tatsächlich ein lichtes Buch, obwohl über dem jungen Helden, der in die Fremde geschickt wird, auch ein »Prozeß« schwebt; er ist so erfolglos wie Josef K. und K. in den Romanen ›*Der Prozeß*‹ und ›*Das Schloß*‹, er wird von Mißgeschicken betroffen und hart geprüft. Freilich will es gelegentlich

scheinen, als beruhe der Eindruck des Humorvollen, des manchmal geradezu Harmlosen auf einer optischen Täuschung. Die verwirrte Welt, in der sich Karl Roßmann befindet, ist nicht weniger grauenerregend, nicht weniger feindselig als alle anderen Welten, die Kafkas magische Phantasie je ersann. Doch das, was im ›*Prozeß*‹ oder im ›*Schloß*‹ wie völlige Unlösbarkeit und Dunkelheit wirkt, schiebt der Leser hier der Kindlichkeit Karls zu. Fast möchte man sich auf jeder Seite einreden: Natürlich sind die Dinge nicht so, wie Karl Roßmann sie erfährt. Wäre er älter, vernünftiger, erfahrener und weniger vertrauensselig, dann würde sich ihm alles klären und wieder in die schönste Ordnung kommen. Mit anderen Worten: Man glaubt, die Verwirrung besteht nicht als eigentliche Wirklichkeit, sondern sie verdankt sich der kindlichen Perspektive. Nun hat Kafka aus Freude am Fabulieren in der Tat den jungen Karl Roßmann oft harmlos, ja geradezu töricht reagieren lassen, und gewisse Zusammenhänge würden sich wirklich anders darstellen, wenn ein »vernünftiger« Mensch ihnen begegnete. Aber man darf nicht vergessen, daß gerade die blinde Vertrauensseligkeit Roßmanns, die ihn von einem Unglück ins andere schliddern läßt, auch immer wieder seinen Zugang zur Welt bewirkt. Letzten Endes kommt er doch weiter als die Gerissenen, als die Versierten. Daraus wieder läßt sich nun freilich ableiten, daß es mit der Harmlosigkeit dieser Amerikawelt nicht allzu weit her sein kann, denn, wie schon Günther Anders bemerkte, nur der Zufall und die Frau können bei Kafka helfen, nicht die eigene Tatkraft. Doch diese merkwürdige [– – –] wird erst in den großen Romanen ›*Das Schloß*‹ und ›*Der Prozeß*‹ bedrängend thematisch. Da stehen nicht Kinder, sondern gescheite erwachsene Männer einer Welt gegenüber, der sie beizukommen vermöchten, und die rettende Instanz, die Hoffnung auf einen Ausweg, die entschuldigende Kindlichkeit gibt es nicht mehr. Wie gesagt, der Kampf des Karl Roßmann um einen Platz in der Gesellschaft und um die Grundlagen seiner Existenz ist bescheidener und hingebungsvoller, wenn auch nicht weniger verzweifelt. Und seine erste Erkenntnis teilt er in dem verzweifelten Satz mit:

2. SPRECHER »Es ist unmöglich, sich zu verteidigen, wenn nicht ein guter Wille da ist.«

1. SPRECHER Nur weil er sich in seiner Unerfahrenheit und Jugend nicht auf sein Recht versteht und auch keinen Gebrauch davon zu machen wüßte, ist er von den drei Helden der drei Romane Kafkas der einzige, der sein Ziel erreicht. Erspart bleibt ihm freilich nichts. Auf dem Schiff, mit dem er nach New York kommt, trifft er zufällig seinen amerikanischen Onkel. Alles scheint sich wunderbar zu fügen. Er wird in ein neues Leben eingeführt und in die Arbeit des Speditionsgeschäftes, das seinem Onkel Ansehen und Reichtum eingebracht hat – bis er eines Tages eine Einladung in ein Landhaus bei New York annimmt, die unter sonderbaren Umständen vonstatten geht; instinktiv begreift er, daß sein Verhalten dem Onkel gegenüber geprüft wird, er will zurückkehren, ehe es zu spät ist, und wird daran gehindert. Ein Brief seines Onkels wird ihm überreicht.

2. SPRECHER »Du hast Dich gegen meinen Willen dafür entschieden, heute abend von mir fortzugehen, dann bleibe aber auch bei diesem Entschluß Dein Leben lang.«

1. SPRECHER So beginnt der Leidensweg für den Jungen, dessen Stationen auf der Stellungssuche die Landstraße, ein Hotel und das schreckliche Asyl bei der Sängerin Brunelda sind, unter deren tyrannischer Herrschsucht ihr Geliebter Delamarche und der kleine Ire Robinson gerne leiden. Alles Gemeine und Niedrige aber stößt Karl ab, und seine Hoffnung, einen anständi-

gen Beruf zu finden, erlischt nie. In Kafkas Welt, deren Hoffnungslosigkeit sonst unlösbar ist, ist einmal die Lösung zugelassen: Im himmlisch-irdischen Projekt des Naturtheaters von Oklahoma verlieren die Bitternisse und Enttäuschungen Karls ihr Gewicht; er wird alles Bisherige vergessen können. Das Versprechen, mit dem ein Plakat Leute für dieses Theater wirbt, kommt einer Verheißung gleich:

2. SPRECHER »Das große Theater von Oklahoma ruft euch! Es ruft nur heute, nur einmal! Wer jetzt die Gelegenheit versäumt, versäumt sie für immer! Wer an seine Zukunft denkt, gehört zu uns! Jeder ist willkommen! Wer Künstler werden will, melde sich! Wir sind das Theater, das jeden brauchen kann, jeden an seinem Ort! Wer sich für uns entschieden hat, den beglückwünschen wir gleich hier! Aber beeilt euch, damit ihr bis Mitternacht vorgelassen werdet! Um zwölf Uhr wird alles geschlossen und nicht mehr geöffnet! Verflucht sei, wer uns nicht glaubt!«

1. SPRECHER Daß er irgendwo willkommen sein soll, bestimmt Karl, sich zu melden; sein Vertrauen in die Möglichkeit eines Lebens in einer Gemeinschaft war nie größer, und dem Vertrauenden gelingt das Einfachste und Schwerste: er wird aufgenommen. Zwar bleibt die Welt in ihrer Wirrnis, als ein System von Widerständen, bestehen, aber den Menschen, die diese Wahl, wie Karl Roßmann, getroffen haben, wird Sicherheit und Ruhe zuteil. Ein wie ein religiöser Akt anmutendes Mahl versammelt die Aufgenommenen. Sie finden *den* Eingang, zum Unterschied von dem Mann, dem in einer Legende Kafkas vom Türhüter gesagt wird:

2. SPRECHER »Dieser Eingang war nur für dich bestimmt. Ich gehe jetzt und schließe ihn.«

1. SPRECHER Mit der Abreise nach Oklahoma und dem Ausblick auf eine Urlandschaft endet das Buch.

2. SPRECHER »Sie fuhren zwei Tage und zwei Nächte. Jetzt erst begriff Karl die Größe Amerikas. Unermüdlich sah er aus dem Fenster, und sein Gefährte Giacomo drängte sich so lange mit heran, bis die Burschen gegenüber, die sich viel mit Kartenspiel beschäftigten, dessen überdrüssig wurden und ihm freiwillig den Fensterplatz einräumten. Karl dankte ihnen – Giacomos Englisch war nicht jedem verständlich –, und sie wurden im Laufe der Zeit, wie es unter Coupégenossen nicht anders sein kann, viel freundlicher, doch war auch ihre Freundlichkeit oft lästig, da sie zum Beispiel immer, wenn ihnen eine Karte auf den Boden fiel und sie den Boden nach ihr absuchten, Karl oder Giacomo mit aller Kraft ins Bein zwickten. Giacomo schrie dann, immer von neuem überrascht, und zog das Bein in die Höhe, Karl versuchte einmal, mit einem Fußtritt zu antworten, duldete aber im übrigen alles schweigend. Alles, was sich in dem kleinen, selbst bei offenem Fenster von Rauch überfüllten Coupé ereignete, verging vor dem, was draußen zu sehen war.

Am ersten Tag fuhren sie durch ein hohes Gebirge. Bläulich-schwarze Steinmassen gingen in spitzen Keilen bis an den Zug heran, man beugte sich aus dem Fenster und suchte vergebens ihre Gipfel, dunkle, schmale, zerrissene Täler öffneten sich, man beschrieb mit dem Finger die Richtung, in der sie sich verloren, breite Bergströme kamen, als große Wellen auf dem hügeligen Untergrund eilend und in sich tausend kleine Schaumwellen treibend, sie stürzten sich unter die Brücken, über die der Zug fuhr, und sie waren so nah, daß der Hauch ihrer Kühle das Gesicht erschauern machte.«

1. SPRECHER 1913 veröffentlichte Kafka das erste Kapitel ›Der Heizer‹; im folgenden Jahr schrieb er die weiteren Kapitel – dann unterbrach er plötzlich die Arbeit und nahm sie nicht wieder auf. Der Roman blieb unvoll-

endet, aber wir wissen, daß Kafka ihm einen versöhnlichen Schluß geben wollte, daß »der kleine Karl Roßmann im Naturtheater von Oklahoma Beruf, Freiheit, Rückhalt, ja sogar die Heimat und die Eltern wiederfinden« sollte.

Kafka war nie in Amerika, und das Amerika, das er vorstellte, mag dem wirklichen in vielen Punkten nicht entsprechen. So wird Karl einmal von einem Polizisten in einer Weise verhört, die im New York um 1900 weniger glaubhaft wirkt. Aber dies ist nicht belangvoll. Kafka hat mit ›*Amerika*‹ so überzeugend eine Welt geschaffen und für seinen Helden entdeckt, voll Weite und Farben, voll Freude an jeder Beobachtung und reicher Schilderung der Einzelheiten. Schon ist es nicht mehr die natürliche Welt; ihre Kausalität scheint durchbrochen, und die Handlungen der Personen folgen nicht immer mehr Motiven, die uns die Psychologie nennt, obwohl alles, was geschieht, »vernünftig« begründbar und durch ein eigenes Netzwerk detailliert ausgeführter Auch-Logik untereinander verbunden ist. Noch ist die Trennung von Wirklichkeit und Unwirklichkeit, die in den zwei anderen Romanen aufgehoben wird, spürbar, aber die Wirklichkeit funktioniert auch in diesem Buch Kafkas nicht.

Dieses »Nichtfunktionieren« wird erst durch die reine, klare Sprache, die noch den geringsten Dingen fast pedantisch gerecht wird, sichtbar; ja überhaupt wäre die Magie von Kafkas Werk ohne das besondere Phänomen seiner Sprache und die Art der Darstellung nicht zu verstehen.

Doch wir wollen uns nicht verführen lassen, den zahllosen Urteilen über die dichterische Qualität Kafkas und den zahllosen Deutungen seines Oeuvres noch ein Urteil und noch eine Deutung hinzuzufügen. Die erste Stille nach dem »Pro und Contra«-Lärm der ersten Nachkriegsjahre können wir nützen, um ihn wiederzulesen. Dichtern wird man in der Stille gerecht, denn wenn alle Deutungen veraltet und alle Erklärungen verbraucht sind, erklärt sich ihr Werk aus der unverbrauchbaren Wahrheit, der es sich verdankt.

[Gruppe 47]
Entwurf

Das ist schon vergessen, aber doch wahr. Im Jahr 1952 wußte man in Österreich so gut wie nichts über neue deutsche Schriftsteller. Hin und wieder fuhr jemand, der Paß und Visum hatte, nach Deutschland, das ferner schien als jedes andre Land, einige wenige »Pioniere«, die dann erzählten, es wäre zuviel gesagt, daß man [aus] jenen Erzählungen klug hätte werden können. Drei österreichische [Schriftsteller] waren schon dort bei einer »Gruppe 47« gewesen, so zufällig hingeraten wohl, wie ich in diesem Jahr, ich war noch nie in Deutschland gewesen und ich weiß nicht, was damals die größre Spannung ausmachte: zum erstenmal in dieses Land zu kommen oder Furcht und Neugier oder die gemischten Gefühle vor dem Zusammentreffen mit Menschen, von denen man noch nie den Namen gehört hatte.
Der Omnibus ist noch da in der Erinnerung, in den man in München stieg, um an die Ostsee zu fahren, das erste Coca-Cola, das man in einem Münchner Gartencafé trank, die freundlichen Händedrücke, die lustigen Geschichten, die ein Herr erzählte, von dem ich jetzt weiß, daß es Walter Kolbenhoff ist, es schien mir ziemlich unwahrscheinlich, daß sie alle Schriftsteller sein konnten, sie hatten weder Titel, meistens nur Vornamen, sie waren nicht Professoren, Hofräte, sie gaben sich kein Air, aber sie kamen mir unwahrscheinlich lustig vor, ich hatte nie soviel lustige Menschen gesehen vorher, [– – –]
Am Vormittag kam Milo Dor in das kleine Büro in der Seidengasse in Wien und fragte mich, ob ich ihm 50 Schilling borgen könne, er brauche sie, für einen deutschen Gast, um ein Taxi nehmen zu können, es sei eine Ehrensache, oder

er wird sich wohl anders ausgedrückt haben, wie stünden wir da vor der deutschen Literatur, wenn wir nicht einmal Geld für Taxi etc. Ich weiß nicht, ob der deutsche Schriftsteller die Geschichte je erfahren hat, er wäre wohl der erste gewesen, der darüber von Herzen gelacht hätte. Wir waren alle Mitte zwanzig, notorisch geldlos, notorisch hoffnungslos, zukunftslos, kleine Angestellte oder Hilfsarbeiter, einige schon freie Schriftsteller, das hieß soviel wie abenteuerliche Existenzen, von denen niemand recht wußte, wovon sie lebten, von Gängen aufs Versatzamt jedenfalls am öftesten.
Es scheint, daß wir in Wien alle ziemlich wenig zu lachen gehabt haben, denn sonst wäre meine stärkste Erinnerung nicht die, eine verwandelte Ilse Aichinger zu sehen, bald angesteckt worden zu sein von etwas, das Jungsein, Lachen, Gelöstsein in einem war, Ansteckung durch Hoffnungen, durch mehr Weite, und das Unbekümmertsein, so daß meinetwegen der Bericht weniger wie einer über ein Zusammentreffen mit einer literarischen Gruppe klingt, es auch am wenigsten war, sondern eine kurze Spanne »Jugend«.
In Frankfurt übernachtete der Omnibus und übernachteten die Schriftsteller, bei einem anderen Schriftsteller, die Wohnung wurde zum Quartier, sie lagen auf dem Fußboden, auf Matratzen, sie kochten Kaffee, begrüßten andere Schriftsteller, und der Neuling wunderte sich über alles und über gar nichts, so war es eben, und am nächsten Tag fuhr der Omnibus weiter, hielt in einem nördlichen Dorf, in einem Krug wurde getrunken, die Geld hatten zahlten, die keines hatten, ließen die anderen zahlen, und nachts war man an der Ostsee und rannte ans Meer, und alles war wunderlich und ungeahnt, und in dem Haus waren wieder andere Schriftsteller, noch mehr, die man auch nicht kannte, einer ein Intendant, aus Hamburg, und auch der war freundlich und nicht wie ein Intendant, und [der]

sich ja auch als Schriftsteller entpuppte, ein alter Herr war Herr Rowohlt, von dem man allerdings wußte, wer er war, und sonst wußte man einfach von niemand etwas und redete mit manchen, und nie war ein Land exotischer als dieses Deutschland, und nie waren Leute wunderlicher als diese »Gruppe 47«, die sich am nächsten Tag reihenweise, aber nicht sehr ordentlich in einen Saal setzte, der deutsche Schriftsteller setzte sich auf einen Stuhl vorne, und einer begann zu lesen, da trat endlich Ruhe ein. Heute weiß ich freilich, wer sie sind und wer [– – –]

Am zweiten Tag wollte ich abreisen, am dritten Tag las ich ein paar Gedichte vor, vor Aufregung am Ersticken, ein freundlicher Schriftsteller las sie nochmals laut und deutlich vor, einige Herren sagten [etwas] dazu, und nachher kam ein Herr, der sagte, ich solle am nächsten Tag in Hamburg dasselbe nochmals im Rundfunk lesen, ich bekam 300 Mark an der Kasse, ich dachte, man habe sich geirrt in der Summe, und ging zurück zu dem Schalter, aber der Mann sagte, es stimme, es waren 300 Mark gemeint, und [ich] verdiente soviel nicht in einem Monat.

Ein sehr freundlicher Franzose beruhigte mich nachher und sagte, [es] sei gut gewesen, das war Louis Clappier, der jetzt tot ist und von dem ich meine, er [– – –]

In Hamburg ging das Treffen weiter, man spielte Bänder vor, eine Funkoper, ›*Der Landarzt*‹, es gab also Funkopern. Ein Feature, es gab also Features, ein Hörspiel ›*Träume*‹, es gab also solche Hörspiele, und dies »das gibt es also« ist auch nicht mehr nachzuvollziehen in der Erinnerung, wie die Neuigkeiten, Freundschaft, eine Wolke von Freundschaft, Lachen, Ernst, jetzt schon verklärt, längst modifiziert, längst verschoben.

Diese Tagung hat kein Ende genommen, zwei Tage später trafen sich wieder einige Teile der [Gruppe] in Frankfurt, dann wieder ein Teil in München, und immer wurde geredet, [– – –]

[Witold Gombrowicz]
Entwurf

Ich habe Herrn Gombrowicz im Frühjahr 1963 in Berlin kennengelernt, wir waren beide die ersten Gäste der Ford Foundation und wahrscheinlich auf ähnliche Weise dankbar und undankbar. Was ich erraten konnte, aber nicht beweisen kann, ist, daß Gombrowicz dieser kleine Geldregen, der ihm zum erstenmal erlaubt hat, nach soviel Jahren, ohne die täglichen Sorgen zu leben und unter halbwegs erträglichen Umständen zu leben, wenig geheuer war, und zwar vielleicht weniger der Skrupel wegen, die weder er noch ich hatten, denn sie wären höchst unangebracht gewesen in einem Augenblick, in dem man kein Dach über dem Kopf hat – ich glaube also erraten zu haben, daß dieses Geld seine Integrität und seine Art zu leben nicht berührt hat, es war ihm angenehm, aber wie so oft, sind Annehmlichkeiten, für die man dankbar sein müßte, mit ungeheuerlichen Veränderungen verbunden.
Gombrowicz kam aus Argentinien, ich auch auf hundert Umwegen aus vielen Ländern, und wenn wir etwas voneinander begriffen haben, ohne es einander je zu gestehen, daß wir verloren waren, daß dieser Ort nach Krankheit und Tod riecht, für ihn auf eine Weise, für mich auf eine andre. Wir wohnten einige Zeit in der Akademie der Künste, und da ich, zumindest in der ersten Zeit, der einzige Mensch war, der französisch mit ihm sprechen konnte, war es selbstverständlich, daß er mich einiges fragte, daß ich ihm antwortete, daß ich ihm seine Telegramme ins Deutsche übersetzte und daß man sich die kleinen Gefälligkeiten erwies, die zwei Fremden in einer fremden Stadt in den Sinn kommen.
Gombrowicz war einer der wenigen diskreten Menschen,

die ich in meinem Leben getroffen habe, und ich weiß darum auch wenig zu sagen; wenn ein diskreter Mensch mit einem zusammentrifft, der es auch ist, dann ergibt das sehr viel Schweigen und hie und da Konversation. Was ihn beschäftigte, das waren, außer der Nähe zu Polen, einige Bücher, darunter Sartres Buch über Genet, er sprach öfters darüber, ich bin nicht fähig, seine manchmal glänzenden und hochfahrenden Bemerkungen wiederzugeben, ich erinnre mich an ihn, aber ich schrieb mir keine Sätze auf.

Ich erinnre mich, daß wir durch die uns beiden so fremden Straßen von Berlin gingen und oft lachten und riefen, voyez, il y a quelqu'un, denn die Straßen waren so unendlich leer, jedenfalls für uns.[1]

Eines Tags gingen wir in eine kleine Wirtschaft in Berlin essen, der Kellner dachte, wir verstünden kein deutsch, am Ende sprach ich deutsch mit ihm, und es war einer der vielen Schocks, die sich sehr oft wiederholt haben in Berlin für mich. Es war aber nicht der Kellner, der mir sagte, wir sind doch hier keine Polenwirtschaft. Er sagte etwas anderes, er war vorsichtig, er wußte nicht, wie man uns unterbringen sollte, und ob Ost oder West oder etwas Drittes, aber er sagte etwas Fürchterliches, wir standen beide auf und zahlten sofort und gingen.

Eines Tages brachte man G. in ein Hotel am Kurfürstendamm, ich schickte ihm ein Telegramm, und ich vermute, daß es meine einzige Äußerung der Zuneigung und des Verstehens war. Das Hotel war schrecklich, der Stumpfsinn in jedem Gegenstand, und wir studierten den Brief seines Übersetzers und einen Vertrag. Am Ende sagte er, wir, Sie und ich und die andren, wir werden einen kollektiven Selbstmord begehen, und den wird die arme Ford Foundation auch noch bezahlen müssen.

Darüber haben wir länger geredet und gelacht, aber es war [nichts] zum Lachen dabei, denn im Grund wußten wir beide, daß wir es vielleicht tun würden. Wenn auch nicht mehr auf Kosten der Ford Foundation.

Wer aber war dieser Mann wirklich. Ich glaube, er war einer der einsamsten Menschen, die ich getroffen habe, er war vollkommen von allem verlassen, von Polen, von Argentinien, von Berlin, und seine Art, zu sprechen und diskutieren [zu] wollen, hat alle Berliner abgeschreckt. Es war, wenn ich es auf französisch sagen darf, eine incompatibilité, kein böser Wille von einer oder [der] andren Seite.

Da ich auch aus einem Land komme, dem man Charakterlosigkeit und »Schwierigkeit«, in dem Sinn wirklicher »Schwierigkeiten«, zuschreibt, war es mir möglich, beide zu verstehen. Ich konnte verstehen, daß meinen Berliner Freunden dieser Mann, der ein Gespräch suchte, das sie nicht führen konnten und wollten, völlig absurd ist. Für mich war er das keineswegs, denn die Absurdität jedes Menschen und jeder Klasse und jeder Rasse ist mir immer gegenwärtig, und G. hatte zweifellos einen Kopf, den man in Berlin nicht einmal von fern und nicht mit dem besten Willen verstehen konnte.

Er war aber nicht so schwer zu verstehen. [In ihm] war eine große Güte, eine Zartheit, die sich maskiert hat als Hochmut. Er war der bescheidenste Mensch, den man sich denken kann. Ich besuchte ihn noch einmal, ehe ich selber krank wurde, in seiner ersten abominablen Wohnung in Berlin, in einem Geräuschchaos, und er hörte die Beethoven-Quartette, die ich mir seinetwegen später gekauft habe, aber er hörte sie mit einem Kopfhörer, denn er wollte niemand stören, während man ihm, der gesamte Hohenzollerndamm, die Hölle an Geräuschen anrichtete, ich ging eher fort, als ich es wollte, ich konnte den Straßenlärm nicht mehr aushalten.

Damals konnte er schon ganz gut deutsch, und das wunderte mich, denn für einen Sechzigjährigen muß es unendlich schwierig [sein], noch eine neue Sprache zu erlernen,

er muß auch einige Leute, die ihn geschätzt haben, getroffen haben, aber darüber weiß ich nichts. Ich glaube, er sprach mir von einigen jungen Leuten, die ihn besuchten.
Es mag ja töricht klingen, daß man sich so im Ungewissen aufhält, wenn man über einen Menschen spricht, den man wirklich gekannt hat, mit dem man viele Male spazierengegangen ist oder essen war, aber das Gedächtnis ist eine unbarmherzige Institution, es erlaubt keine Lügen.
Was ich besser weiß als die Fakten oder Sätze, das ist natürlich mein Eindruck von ihm. Meine Zuneigung war aufrichtig, und er wußte es auch. Er kann daran auch nie gezweifelt haben. Er zweifelte an allen anderen, und das vielleicht mit Recht. Sie hatten keine gemeinsame Sprache, und wir hatten, auf vielen und komplizierten Umwegen, eben doch eine gemeinsame Sprache. Es war nicht nur der Vorteil des Französischen, sondern der Vorteil der Traurigkeit, der Nachteil aller ihrer Folgen, und obwohl wir unsren einzigen literarischen Diskurs sofort abbrechen mußten, weil er mich quälte, ja, daran erinnre ich mich genau, er fragte mich schon auf der Straße, was halten Sie von Goethe, was von Schiller, was von Kleist etc. Ich stotterte hin und her und wollte wissen, was denn von Goethe oder von Kleist, ich wollte, wie er mir noch mehrmals vorwarf, »alles kompliziert machen«, am Ende standen wir im Gang der Akademie, die ja auch die Szenerie, die einzig richtige für diese unwirklichen Gespräche war, und [ich] drehte mich plötzlich um und ging gegen mein Zimmer. Und damals ging er mir ein paar Schritte nach, und er sagte, ich hoffe, Sie weinen nicht, ich wollte Sie nur quälen, und wenn mir das gelungen ist, dann ist es ja gut.
Damals mußte ich wirklich weinen und auch lachen.
Vielleicht war das eine seiner wirklichsten Seiten. Er wollte quälen, und er konnte es nicht. Ich habe es ja schon gesagt, er war, au fond und gegen alles, was er wollte, ein Mensch mit einem großen Herzen. Da ich die Menschen zwar nicht

einteile nach ihren Ansichten, ihren Allüren und Manieren, und mir das alles gleichgültig ist – wenn ich denken muß und darf an jemand, dann würde mir zu G. immer einfallen, daß er ein Herz hatte. Er war darum wohl auch ein sehr großer Schriftsteller.
Daß so viele andre es nicht bemerkt haben, das muß man den andren nicht vorwerfen, denn er war in seiner merkwürdigen Art, Stolz, Allüre etc., offenbar abschreckend, für mich aber nie, denn ich möchte nicht, daß der Stolz und die Allüre aus der Welt verschwinden.
Ja, was war denn seine Schwierigkeit. Er war krank, und ich war es auch. Ich konnte ihn nicht mehr besuchen, er hat mich nicht besucht. Aber das ist sehr unwichtig.

[Giuseppe Ungaretti]
Entwurf

Im Jahr 1961, nachdem ich die erste Auswahl der Gedichte von Ungaretti ins Deutsche übersetzt hatte, lernte ich den großen alten Mann kennen. Die Begegnung hatte ich die längste Zeit vermieden, nicht einmal zwei wunderbare Briefe von ihm beantwortet, weil ich fürchtete, mein fehlerhaftes Italienisch könne ihn erschrecken oder mißtrauisch machen. Allerdings hätte ich mir sagen müssen, daß niemand besser als Ungaretti verstehen würde, daß man in der eigenen Sprache zuhause sein muß, um ein Gedicht von einem Ufer ans andre ziehen zu können. Meine Furcht vor dem mostro sacro der italienischen Dichtung ist in einem der legendären Ungaretti-Gelächter vergangen: ich habe ihn nicht zuerst sprechen gehört, sondern lachen, lachen.

Wenn ich heute oder Jahre später sagen sollte, Menschen, die ihn nicht gekannt haben, was der hervorragendste Zug an dem Menschen Ungaretti war, das Überwältigende, so würde ich zuerst immer blindlings sagen: seine Großzügigkeit. Niemand konnte schenken wie Ungaretti, niemand den anderen mehr verwöhnen. Nie bin ich von ihm weggegangen, ohne ein Geschenk von ihm in der Hand zu haben, eine grüne Feder, ein lang gewünschtes Buch, und mit ihm essen gehen oder reisen zu einem Kongreß, das hieß auch, von ihm immerzu umsorgt werden, es war ihm nichts gut genug für den anderen.

Das größte Geschenk hat mir Ungaretti mit einem Tag in Fiumicino gemacht. Ich weiß noch heute nicht, wie er bemerken konnte, daß es mir schlecht ging, aber er bestand darauf, mich frühmorgens vom Hotel zum Flugplatz zu bringen, dort zu warten bis zum Abflug, auf ein Flugzeug, das erst am Abend abfliegen sollte, und so verlor er einen ganzen Tag in dem infernalischen Lärm des Flugplatzes, sorgte sich, suchte einen abgelegenen Raum für mich, ließ Champagner bringen, tat geheimnisvoll und breitete vier Glücksbringer aus, mit denen ich seither immer reise und wohne, darunter einen antiken chinesischen, den er einmal von Jean Paulhan bekommen hatte und den ich deswegen nicht annehmen wollte. Aber Ungaretti sagte begütigend: Ich brauche ja nichts mehr, ich habe alles gehabt. Aber Sie brauchen noch etwas, und das alles soll Sie beschützen.

[Jede Jugend ist die dümmste]

Entwurf

Jede Jugend ist die dümmste, die es je gegeben hat. Alle älteren Generationen, ihre glattrasierten Väter und die bärtigen großväterlichen Onkel die schuldigsten. Die Schuldigen fürchten sich vor den Dummen. Man fürchtet nicht den Glanz.

Die Arbeit ohne Orgiasmus. An Stelle des Fegefeuers die Bürokratie. Der Kommunismus, der seinen Anfang nicht begreift und sich schon verwalten will. Marx und Lenin werden erst studiert werden, wenn die helleren Köpfe nach ihnen am Ziel gemessen werden und nicht mehr am Anfang. Einige sind nicht dazu da, um »Realpolitik« zu machen. Sie sind da, um zu erfinden. Die Welt muß erfunden werden, sie ist das Material. Wo ist die marxistische Mode? Der Armenkittel der Bürgertracht, die blauen Jakken und die Ledermäntel – oh nein, sie sind der letzte Triumph von Klassen, die die untersten Klassen zur Schäbigkeit verurteilt haben. Rote Federn müßte man sich an den Kopf stecken, in gelbblaugrünen, in violetten und hinreißenden Farben, in kultischen Bemalungen die Befreiung feiern. Solange nichts mehr oder noch nichts zum Feiern da ist, sind die Farben der Abstraktion überlassen, den Spielereien, ‹. . .› um die Rechtschreibung zu ändern, um die Formulare kürzer zu fassen, die Daten und die [– – –] dem Gelächter preiszugeben und die Meriten zu feiern. Die Freude ist verschwunden, das Pathos auf einer Papierlandschaft, auf Spruchbändern verendet. Pathetisch sind nur wir. Der Cortex ist Pathos. Das Unsterbliche. Der Kommunismus muß Luxus sein, oder er wird nicht sein. Der Cortex ist luxuriös, das Geäst, die Nervenbahnen, die dramatischen Abläufe, die Depres-

sionen, die Hochzeiten müssen verwirklicht werden können.
Die Welt hat keine zugelassenen Feiertage, sie ist ein Feiertag. Die Zeit ist [eine] geheime langsame Feier, auf die die Unbeteiligten starren, die am Rand des Festsaales stehen. Der Festsaal ist leer. Wir lesen die Uhren ab, blättern in den Kalendern. Wir haben nicht gelebt. Wir haben uns keine Federn angesteckt, wir sind nicht jeden Tag vor Glück umgesunken, wir haben, in den falschen Häusern, in den verdrehten Kleidern, in den schmerzenden Schuhen, in dem starren Dreck, die Luft, verunreinigt von Abgasen und Gedankenlosigkeiten, eingeatmet. Ein Gang ums Hauseck ist angetan, einen wahnsinnig zu machen. Die Welt ist zu einer Krankheit geworden.

[Auf das Opfer darf keiner sich berufen]

Entwurf

[...] Immerzu müssen wir uns und alles, was wir tun, wünschen, denken, begründen; das Leben, wie wir es seit Jahrtausenden leben, ist nichts Selbstverständliches, schon frühe Aussprüche wie »Leben geschenkt«, »Gnade«, »Befreiung«, deuten auf die gigantische Unselbstverständlichkeit. Alle diese Worte müßten verschwinden. Hier wird nicht mehr geschenkt, begnadigt, befähigt, anerkannt etc., wenn hier dies nicht mehr getan wird – es wird das Morgenrot sein.

Eben deshalb darf es keine Opfer geben (Menschenopfer), Menschen als Opfer, weil der geopferte Mensch nichts ergibt. Es ist nicht wahr, daß die Opfer mahnen, bezeugen, Zeugenschaft für etwas ablegen, das ist eine der furchtbarsten und gedankenlosesten, schwächsten Poetisierungen.

Aber der Mensch, der nicht Opfer ist, ist im Zwielicht, er ist zwielichtige Existenz par excellence, auch der beinah zum Opfer gewordene geht mit seinen Irrtümern weiter, stiftet neue Irrtümer, er ist nicht »in der Wahrheit«, er ist nicht bevorzugt. Auf das Opfer darf keiner sich berufen. Es ist Mißbrauch. Kein Land und keine Gruppe, keine Idee, darf sich auf ihre Toten berufen.

Aber die Schwierigkeit, das auszudrücken. Manchmal fühl ich ganz deutlich die eine oder andere Wahrheit aufstehen und fühle, wie sie dann niedergetreten wird in meinem Kopf von anderen Gedanken oder fühle sie verkümmern, weil ich mit ihr nichts anzufangen weiß, weil sie sich nicht mitteilen läßt, ich sie nicht mitzuteilen verstehe oder weil gerade nichts diese Mitteilung erfordert, ich nirgends einhaken kann und bei niemand.

[Ferragosto]
Entwürfe

Ferragosto, die Augustfeiertage, den Römern fast ebenso wichtig wie Weihnachten und Ostern, sind gekommen. Die Angestellten, die Portiers, die Wäscherinnen und Dienstmädchen erwarten Geschenke und Trinkgelder, die in diesen heißen Tagen dazu reichen müssen, wenigstens für einen Tag, wenn nicht für länger, auch den Ärmsten Gelegenheit zu geben, aus der Stadt zu fahren und auf dem Land ausgiebig zu essen und zu trinken. Das hochsommerliche Rom ist darum leer geworden und den Touristen überlassen. Wer ihnen, zwar selbst ein Fremder, aber seit Jahren schon vertraut mit der Stadt, daß er ihre Lichtschalter im Dunkeln findet, ihnen auf Schritt und Tritt begegnet, bedauert, nicht auch wegfahren zu können. Denn es sind ja die in der Überzahl, die zudringlich, den Fotoapparat umgehängt, [sich] an alles und jedes heranmachen, diese Andenkenkäufer, diese Museen- und Kirchenbezwinger in Rekordzeiten, die Chiantihelden, die ihm Verdruß bereiten. Aber hier und da sieht dieser Fremde, der am liebsten seine Persianen ganz zuschließen und nicht mehr aus dem Haus gehen möchte, auch ein paar stillere Pilger oder ein paar begeisterte junge Menschen oder ein altes Paar, das nach 20 Jahren vielleicht wiedergekommen ist und sich nur manchmal im Weg irrt, und dann meint er, daß allen Reisetorheiten zum Trotz es ihnen ergehen könnte wie ihm einmal im Anfang, als ihm in der ersten Begeisterung und Enttäuschung die Stadt sich öffnete und wieder verschloß, aber daß ihm eine längere Zeit hier vergönnt war, um sehen und hören zu lernen. Daß er jenen, denen die Zeit nicht vergönnt ist, sagen möchte, was er erfahren hat.

Die Faszination: Rom als offene Stadt, keine ihrer Schichten kann als abgeschlossen betrachtet werden, sie spielt alle Zeiten aus, gegeneinander, miteinander, das Alte kann morgen neu sein und das Neueste morgen schon alt.
Die Vitalität Roms als Faszination, die Utopie, ein messagio. Wie jede große Stadt, mehr noch als jede andre große Stadt utopisch, das Gefühl, daß der Bestand in Rom die geistig fühlbare Botschaft der Stadt, ihr utopischer Charakter [– – –]
Die Unbedeutendheit des einzelnen, der ambienti, diese Stadt kommt so gut ohne irgend jemand Bestimmten aus und gibt grade darum, weil sie die eigene Unwichtigkeit dauernd beweist, weil sie immer mit Maßstäben zur Hand ist, vielleicht noch eine Arbeit [auf, macht] eine Lehre möglich, wie man sie nirgends sonst bekommen kann. Sie ist historisch nicht abgeschlossen, sie hat sich nicht in diesem oder jenem Jahrhundert ausschließlich manifestiert. Das Kommen und Gehen und Wiederkommen – die Utopie in Permanenz, das geistige Heimatgefühl, das man hier empfindet, tritt an die Stelle des Gefühls von physischer Heimatlosigkeit, das in der Welt zunimmt ‹. . .›

Leipzig:
Entwurf

wie etwas Rötliches, Altes um die Mauern. Die kaum beschreibbare Atmosphäre. Die langsamen, schwerfälligen Menschen, mit einer anderen Gangart. Die Männer, E., J., behaupteten beide, die Frauen hätten etwas Keusches, Jungfräuliches, sie vermerkten es negativ, abfällig, nicht ohne Erstaunen. Mädchen, die nicht für Männer gemacht sind, sondern Sächlichkeiten sind, ohne daß man sagen könnte, sie entsprächen nun tatsächlich den Leitbildern der Traktoristin, Funktionärin etc. – sie sehen vielmehr wie verschonte, aus dem Erotischen evakuierte Menschen aus. Erinnern aber auch nicht an die Frauen im Krieg, die zwar reizlos und vermännlicht aussahen in den Männerhosen, dicken Mänteln, schlechten Kleidern, aber die etwas von einer Gier, oder einer unterdrückten Gier, hatten oder einfach vernachlässigt und enttäuscht wirkten, mit einer selbständigen Enttäuschung herumgingen, die sie häßlich machte.
Leipzig soll nie eine schöne Stadt gewesen [sein], ist wenig zerstört, jedenfalls weniger als viele andere deutsche Städte, aber veraltet, melancholisch, das Provinzielle, aber nicht, wie hier kleine oder größre Städte Provinz sind, fällt in die Augen, es hat Provinzzauber von einst.
Hotel International: das gute deutsche Hotel von früher, Spiegel, Teppiche, Wasserhähne, die ein wenig tropfen in ausladenden Porzellanwaschbecken, auf steifen Füßen, die Kellner schüchtern und liebenswürdig, die Gäste mit Privilegiertenmiene und der Unbekümmertheit, die heute kein Gast in den Grandhotels der Schweiz oder der Riviera mehr zur Schau zu tragen wagt. Ich selbst war angesteckt, »fühlte mich«, wie selten sonst. Sowjetischer Sekt, sowjeti-

scher Kognak, die Worte fehlten nie, und ich war einmal drauf und dran zu sagen, »russischer«, unterdrückte das Wort aber als unpassend und sagte, »Ja, so einen«, weil mir das Wort »sowjetisch« nicht über [die] Lippen wollte im Zusammenhang mit Kognak.

Zugegeben

Zugegeben, daß ich nicht mehr weiß, warum ich hier lebe; denn ich schreibe ja über Wien, oder ich bin vielmehr, wenn ich schreibe, in Wien. Und zugegeben, daß ich hier keinen Einspänner, keinen großen Braunen, keinen Kapuziner trinke, sondern einen Capuccino, und daß die Wohnungen teuer sind, aber das Essen billiger ist, daß plötzlich alle Freunde Giulio oder Giorgio oder Luciano heißen, Ginevra, Marina, Alda. Zugegeben, daß man schon in einer anderen Sprache träumt, aber angeblich bedeutet das gar nichts; man muß nämlich zählen können in einer anderen Sprache, eben das kann ich nicht, ich kann nicht multiplizieren oder dividieren oder addieren, einfach die kleinsten Operationen auf italienisch, die werde ich nie erlernen. Zugegeben, daß hier das Leben ist, wie es überall ist: eines Tages wird jemand heiraten, jemand wird einen Lehrstuhl bekommen, jemand wird sich erhängen, in eine Nervenklinik kommen; es wird alles wie überall sein, kein Kolosseum, kein Kapitol helfen darüber hinweg, und was also hilft einem dann hier zwar nicht hinweg, aber doch zu leben? Zugegeben, daß die Leute hier auch nicht besser sind als anderswo, aber fünf Minuten auf der Straße und ein kleiner Anflug von Wahnsinn, eine Versuchung, das alles ganz aufzugeben, sind dann doch plötzlich abgewendet. Zugegeben, die Leute sind etwas schöner und sehr freundlich, aber man weiß ja, was dahintersteckt. Weiß man es aber wirklich? Man weiß doch gar nichts. Mir genügt es, daß die Leute nicht unfreundlich sind, sondern freundlicher sind. Zugegeben, daß man hier aufhört, die Dinge allzu ernst zu nehmen; denn in 2500 Jahren ist viel Wasser den Tiber hinuntergelaufen, und das weiß hier wirklich jeder. Vor das Leben ist das Wort Pazienza geschrieben, also Geduld, Geduld. Hier sind Krisen, Staatskrisen, private Krisen, eher Kinderkrankheiten. Die Leute wissen schon, daß man einfach miteinander auskommen muß. Zugegeben, ich habe hier erlernt, mit den anderen auszukommen. Ich habe es wieder erlernt, aber ich gebe auch zu, wenn die Tür zufällt zu dem Zimmer, in dem ich arbeite, dann gibt es keinen Zweifel: Denken ist solitär, Alleinsein ist eine gute Sache.

Hommage à Maria Callas

Entwurf

Ich habe mich immer gewundert, daß diejenigen, die Maria Callas gehört haben, nicht darüber hinausgekommen sind, in ihr eine außerordentliche, allen Fährnissen unterworfene Stimme zu hören. Es hat sich wohl nicht nur um eine Stimme gehandelt, oh keineswegs, in einer Zeit, in der so viele ausgezeichnete Stimmen zu hören waren. Maria Callas ist kein »Stimmwunder«, sie ist weit davon entfernt, oder sehr nah davon, denn sie ist die einzige Kreatur, die je eine Opernbühne betreten hat. Ein Geschöpf, über das die Boulevardpresse zu schweigen hat, weil jedes seiner Sätze, sein Atemholen, sein Weinen, seine Freude, seine Präzision, seine Lust daran, Kunst zu machen, eine Tragödie, die zu kennen im üblichen Sinn nicht nötig ist, evident sind. Nicht ihre Koloraturen, und sie sind überwältigend, nicht ihre Arien, nicht ihre Partnerschaft allein ist außerordentlich, sondern allein ihr Atemholen, ihr Aussprechen. M[aria] C[allas] hat eine Art, ein Wort auszusprechen, so, daß jedem, der nicht jedes Gehör verloren hat, aus Abgestumpftheit oder Snobismus, immer auf der Jagd nach frischen Sensationen des lyrischen Theaters [– – –] sie wird nie vergessen machen, daß es Ich und Du gibt, daß es Schmerz gibt, Freude, sie [ist] groß im Haß, in der Liebe, in der Zartheit, in der Brutalität, sie ist groß in jedem Ausdruck, und wenn sie ihn verfehlt, was zweifellos nachprüfbar ist in manchen Fällen, ist sie noch immer gescheitert, aber nie klein gewesen. Sie kann einen Ausdruck verfehlen, weil [sie] weiß, was Ausdruck überhaupt ist.
Sie war zehn oder mehr Male groß, in jeder Geste, in jedem Schrei, in jeder Bewegung, sie war, was ‹. . .› an die Duse denken läßt: ecco un artista. Sie hat nicht Rollen ge-

sungen, niemals, sondern auf der Rasierklinge gelebt, sie hat ein Rezitativ, das altbacken schien, neu gemacht, ach nicht neu, sie war so gegenwärtig, daß alle, die ihr die Rollen geschrieben haben, von Verdi bis Bellini, von Rossini bis Cherubini, in ihr nicht nur die Erfüllung gesehen hätten, sondern weitaus mehr.
Ecco un artista, sie ist die einzige Person, die rechtmäßig die Bühne in diesen Jahrzehnten betreten hat, um den [Zuhörer] unten erfrieren, leiden, zittern zu machen, sie war immer die Kunst, ach die Kunst, und sie war immer ein Mensch, immer die Ärmste, die Heimgesuchteste, die Traviata.
Sie war, wenn ich an das Märchen erinnern [darf], die natürliche Nachtigall dieser Jahre, dieses Jahrhunderts, und die Tränen, die ich geweint habe – ich brauche mich ihrer nicht zu schämen. Es werden soviel unsinnige geweint, aber die Tränen, die der Callas gegolten – sie waren so sinnlos nicht. Sie war das letzte Märchen, die letzte Wirklichkeit, deren ein Zuhörer hofft, teilhaftig zu werden.
Sie hat immer direkt getroffen, auf den Umwegen über Libretti, über Figuren, zu denen man Liebe haben muß, um sie akzeptieren zu können. Sie war der Hebel, der eine Welt umgedreht hat, zu dem Hörenden, man konnte plötzlich durchhören, durch Jahrhunderte, sie war das letzte Märchen.
Es ist sehr schwer oder sehr leicht, Größe anzuerkennen. Die Callas – ja, wann hat sie gelebt, wann wird sie sterben? – ist groß, ist ein Mensch, ist unvertraut in einer Welt der Mediokrität und der Perfektion.

[Otello]

Entwurf

Die Redaktion des 3. Programms hat mich gefragt, welche Oper ich an diesem Tag gern im Programm sähe. Um die Wahrheit zu sagen – das 3. Programm hat nicht alle Möglichkeiten, einen Wunsch zu erfüllen, und das sehe ich ein, und außerdem hat es viele Opern längst gesendet, die ich gern genannt hätte. Zuletzt habe ich gesagt, den ›*Otello*‹ von Verdi, der war auch noch zu bekommen, und den hören Sie heute. Das bedarf einer Erklärung, nicht weil der ›*Otello*‹ noch übrig war, sondern weil ich mit der Wahl mehr als einverstanden bin. Ich bin es nur nicht mit dem Titel. Sie müßte »Jago« heißen, denn es ist eine sehr mißverstandene Oper, in der man die Titelfigur immer ernst genommen hat, in allen Jahrzehnten aus irgendeinem Grund, zuletzt wurde daraus, wenn schon nicht mehr eine Tragödie der Eifersucht, so doch die [des] Rassismus.

Diese Oper hat aber mit all dem nur an der Peripherie zu tun. Es gibt nur eine Figur, die überhaupt interessant ist, das Movens dieses Stücks, dieser Musik, und das ist Jago. Der Zuschauer, der nur den Schurken sieht, hat nie nachgedacht, und was sollte dieses ganze Stück, wenn es bloß einen elenden Schurken gäbe, der einige liebenswerte unschuldige Menschen aus abscheulicher Bosheit zugrunderichtet. Ich glaube nicht, daß das so ist. Jago ist kein Schurke, kein altväterischer, theaterhafter Bösewicht, sondern sehr viel mehr, man täte ihm zuviel Gutes, um ihn mit dem Wort Schurke, Bösewicht, abzutun. Er ist auch kein Teufel, nicht der Teufel, der immer witziger war. Er ist ein Mensch, aber von einer Art, die wir noch nicht einmal verstehen gelernt haben, obwohl soviel Hundertjahre über dieses Stück hinweggegangen sind. Was für ein unendlich läppisches und törichtes Stück wäre *›Otello‹*, wenn wir es mit einem Eifersüchtigen und seiner unschuldigen Frau und einem törichten blöden Cassio und Rodrigo zu tun hätten.

Dieses Stück lebt nur von einer Figur und hat seinen unterirdischen Motor nur von einer – das ist der Held dieses Stücks, der negative Held, dessen Intelligenz und Gründlichkeit über die Maßen schrecklich sind. Nicht schurkisch, sondern schrecklich. Sein Credo (das er sonst verheimlichen würde, aber in der Oper muß er heraus damit, weil alles heraus muß, sonst [ist] etwas keine Oper) ist das konsequenteste Credo, das es für den konsequenten Mörder gibt, also für den, der Intelligenz hat. Er nimmt die Menschen, die für ihn keine sind, sondern analysierbare Puppen, auseinander, er macht sie leiden und schreien und töten. Die anderen sind die Menschen, unzulänglich, mitleiderregend, krank, dumm, blind, aber Jago ist erhaben in seiner Furchtbarkeit, er versucht die andren zutod. Die Menschen zutodzuversuchen, das ist nicht schurkisch, sondern bestialisch, wenn das nicht ein zu gelinder Ausdruck wäre. Es ist menschlich. Man kann Menschen zutodbringen, aber nur ein Mensch kann das. Und Jago ist das extremste Beispiel für das, was ein Mensch vermag. Das Geheul Otellos, das Sterben Desdemonas, die Demütigungen und Leiden der anderen – die sind sein Gewinn.

Zu nichts, könnte man sagen, aber die Selbstzerstörung braucht diesen Gewinn.

[Georg Groddeck]
Entwurf

Im Jahr 1933 schrieb der Baden-Badener Direktor einer Klinik, der Massagearzt Georg Groddeck, einen Brief an den neuen Reichskanzler mit dem Ersuchen, den unerhörten Vorgängen, die er beobachte (wie er sie beobachten konnte, obwohl das so vielen Millionen nicht gelang, bleibt ein Rätsel), Einhalt zu gebieten. Einige Zeit später wurde er von Freunden gewarnt, sein Brief hatte offenbar den Adressaten und die Gestapo erreicht, und sie überredeten ihn, zu fliehen. 1934 starb er in der Schweiz. Auf den Scheiterhaufen in Deutschland brannten seine Bücher, die heute wieder im Limes Verlag erscheinen, dem nicht genug zu danken ist und der hiermit ausdrücklich gebeten wird, diese Ausgabe zu vervollständigen.
In der Zwischenzeit wurde sein Gesamtwerk in England gedruckt und beeinflußte unter anderem, wenn ich richtig informiert bin, auch einige Schriftsteller, die Generation Henry Miller, W. H. Auden, und zuletzt Lawrence Durrell, der zu der deutschen Ausgabe einen Essay geschrieben hat. Der Name Durrell hätte nun dem Groddecks vielleicht hier wieder ins Licht verhelfen können, aber offenbar ist das nicht geschehen, denn auch ein paar Ausschnitte aus Kritiken bezeugen noch nicht, daß Bücher leben, daß ein Autor zurückgekommen ist ins Gedächtnis.
Es ist sehr schwer, eine vernünftige Kritik über seine überaus komplexe Persönlichkeit zu schreiben. Ein glänzender Schriftsteller, den man aber auch lesen kann, wenn man ein paar Volksschulklassen absolviert hat, seine Prosa ist witzig, trivial, großartig, es gibt die Stellen, wo man, ohne je mit einer Arteriosklerose [zu tun] zu haben, plötzlich darüber zu lesen anfängt, nicht wegen der Krankheit mit

diesem Etikett, sondern weil es zu einem ununterbrochenen Dialog zwischen dem Arzt und dem Patienten oder Expatienten oder künftigen Patienten [kommt], denn krank waren wir ja alle, sind wir alle, werden wir alle, und da erfahren [wir], was wir in keiner Sprechstunde zu hören bekommen. Es ist ein sehr aufreizender, sehr grausamer, sehr zärtlicher Partner, und die Zeugnisse, die es von seinen ehemaligen Patienten gibt, sind denn auch merkwürdig. Groddeck, der die Massage weiterbetrieb und Psycho-Analyse, unabhängig von seinen Entdeckungen bei Freud und seiner grenzenlosen Bewunderung für den Doktor aus Wien, das Genie [– – –]. Daß Groddeck selbst ein Genie war, ist ihm womöglich nicht in den Sinn gekommen. Heute würde man ihn zu den Vätern [– – –] oder vielleicht den bedeutendsten Vorläufer der Psychosomatik nennen. Aber damit ist immer noch nichts gesagt. Vor allem sollte jedem, zu seinen Hustentropfen oder seiner Spritze, das alte ›*Buch vom Es*‹ mitverschrieben werden. Aber wenn man »Pflichtlektüre« hört, stellt man sich schon etwas Langweiliges vor, und eines ist Groddeck nie – langweilig, doktrinär, es fallen ihm tausendein Ding ein, aber er kommt nie aus dem Konzept, ob er ein Bild von Leonardo ansieht, von einer Geschichte erzählt, als Patrick Troll verkleidet an die imaginäre [Freundin] seine Briefe schreibt, die [im] ›*Buch vom Es*‹ stehen, das zu den Klassikern dieses Jahrhunderts gehören wird.

‹. . .› Groddeck war unbekümmerter als Freud, er mußte sich kein wissenschaftliches Ansehen sichern, er ist als Theoretiker schwächer, aber in einem Gedanken so kühn, dem Hauptgedanken, ‹. . .›.

Was Groddeck gedacht hat, ist nicht überholt worden, auch nicht von der psychosomatischen Medizin, die oft gescholten, schon der Definition nach, auch einen langen Weg gegangen ist. Denn in diesem Hauptgedanken kann kein Fortschritt der Medizin ihn übertreffen.

Die wenigen Torheiten, die in diesen Büchern stehen, die man nicht riechen und leiden kann, sind nur das kleine Mißbehagen, das man jedem Großen gegenüber empfindet, der nicht vollkommen ist. Aber Groddeck wollte nicht nur [nicht] vollkommen sein, er hat [für] alles, was er geschrieben hat, das große Gelächter der Unzulänglichkeit [sic!] gehabt. Seiner eigenen, der Menschen, der Schriftsteller, von denen er einige so herrlich interpretiert hat wie Goethe oder Ibsen, respektlos, weil furchtlos und nie ohne Ehrfurcht. Die Briefe an die Freundin sind doch das Schönste.

Immer ertappt, überführt er, liefert niemand aus, die Lüge ist für ihn ein Faktum wie Leben, und es ist auch gleichgültig, ob man einem Arzt die Wahrheit sagt oder nicht. Vielleicht haben die Heiligen in diesem Jahrhundert diese Sprache führen müssen, die eines Clowns und die eines Wissenschaftlers. Groddeck hätte wahrscheinlich auch lieber mit den Vögeln und den Fischen geredet, aber es ist ihm nichts anderes übrig geblieben, als seine Heiterkeit und Weisheit an diese komische und fürchterliche Spezies Mensch zu verschwenden, mit der er sich einverstanden erklärt hat, der [er] sich als Versuchsobjekt zur Verfügung stellte, um nicht der letzte, sondern der erste unter seinen Kranken zu sein.

Er hat seinen weißen Kittel als eine Farce betrachtet und das Ich des Kranken als Farce. Zwischen den beiden Demaskierungen ist ihm der revolutionäre Blick gelungen, der kindhafte, kindliche erste, auf die Phänomene, die es schon seit jeher gibt. Er war ein Träumer, ein großes Kind, er war ein wunderbarer Lügner, den seine wundervoll lügenden Kranken bezaubert haben, und nur er war der Kaiser Groddeck, wie Peer Gynt der Kaiser war, in dem er sich selber entdeckt hat, nicht bloß in einem Stück von Ibsen, sondern in einem, das er dazugeschrieben hat und das

gleich lesenswert ist. Und er hat in jedem Augenblick die Wahrheit gesagt. Das können nur die Lügner.
Wer also wird diese Bücher nicht aufs Rezept schreiben? Und wer wird sie sich nicht selber verschreiben?
Es muß nicht unbedingt ein Arzt besser schreiben können, weil er besser denken [kann] als die meisten, aber in diesem Fall ist das zweifellos eine Koinzidenz von Schriftstellerei und Forschen und Erforschen in einem altmodischen Sinn, der hier einen neuen bekommen hat. Denn während es mit den Satelliten funktioniert und alles weitergeht – hier geht es nicht sehr weiter, und der Mensch ist bekanntlich ein dunkles Wesen. Das Unerforschte bleiben wir. *Es*, würde Groddeck sagen. Das sei ihm unbenommen, wie er es versteht, er hat es richtig verstanden.
Noch immer weiß niemand, was die Psychosen sind, und noch immer weiß niemand, was der Schnupfen ist.
In einer so mittelalterlichen Zeit ist es angenehm, sich mit einem der ersten Aufklärer beschäftigen zu können. Man wird, ohne viel zu wissen, ein Mitverschworener, weil man weiß, daß man nichts weiß, und früher oder später gezwungen wird, sich ein paar Gedanken darüber zu machen.
Jemand hat geschrieben: Groddeck hatte einige kongeniale Patienten. Es müßte heute auch Ärzte geben, die kongeniale Patienten haben, denn man kann ja niemand heilen, man kann nur gemeinsam weiterkommen. Miteinander jedenfalls, denn es gibt nicht da den Arzt und dort den Patienten, den Leidenden, es gibt nur diese abstruse Symbiose, über die Freud und nebenbei auch Groddeck genug gesagt haben.
In diesem Punkt waren sie sich einig. In einer bürokratisierten Medizin ist das nicht mehr vorstellbar, es kann nur noch die Glücksfälle geben, die den weitren Weg entscheiden können. Die Revolution hat wieder einmal ihre Kinder gefressen. In dem Moment, wo man anfing, zum erstenmal etwas zu kapieren, nach Jahrhunderten von Aberglauben

und Düsternis, also Unwissenschaftlichkeit, ist auch diese Wissenschaft, die jeden von uns betrifft, dazu verdammt, zu kapitulieren. Mit Krankenzetteln, Abrechnungen, Zehnminutenordination. Und man weiß doch heute, man weiß etwas mehr. Auch der Doktor X, der sich abhetzt und Blutdruck mißt und Herzfrequenz feststellt, weiß, daß die Medizin etwas anderes ist, aber dazu reicht ihm die Zeit nicht, das ist kein Vorwurf, er muß ja zum nächsten Herzinfarkt. Und hat 5 Mark verdient, wenn's hochkommt.
Und so blöde ist auch kein Dorfbader mehr, daß er es nicht wüßte, halbwegs, was Kranksein ist.
Die guten [Ärzte] haben es übrigens immer gewußt, es waren nicht immer die Spezialisten, sondern sehr oft die kleinen Ärzte, die ihre Patienten kannten und das Wort Psycho-Analyse nicht einmal aussprechen konnten. Aber gewußt haben sie es.

Die Medizin hat, wie einige andre Wissenschaften, ihre ersten grandiosen Jahrzehnte hinter sich. Das heißt aber zugleich, daß sie im Anfang ist. Wie Frühsozialismus, Frühchristentum, irgendwas, das mit Früh anfängt. Nun kann man sich zur Not aus vielen Wissenschaften heraushalten. Man versteht auch nicht und will nicht verstehen, aus Selbstschutz. Auch die Ärzte, die unseligen, aus Selbstschutz.

Groddeck hatte es nicht mit »Nervenkrankheiten« zu tun, die Freud selektiert und klassifiziert und mit der Schaffung der Neurosenlehre und seiner Analyse [– – –]; er war ein gewöhnlicher Arzt, hatte [mit] ganz gewöhnlichen Krankheiten zu tun, mit Lungenkranken und Herzkranken, mit Rheumaleiden und Kniegelenk, mit Bruch und Arteriosklerose, mit Nieren und Darm. Er hat sein Handwerk bei dem großen Schweninger erlernt, dem Leibarzt Bis-

marcks, und es ist [zu] vermuten, daß er für seine Zeit viel erlernt hat.
Was er sicher nicht erlernen konnte, das war, sich fragen, warum denn seine Kranken krank seien, und was denn die Krankheit sei. Warum hat jemand Schnupfen, warum hat jemand Syphilis, warum ist jemand magenkrank. Was bedeutet das, was heißt das. Und wenn man weiß, was es bedeutet, wie behandelt man es. Und welche Rolle spielt der Kranke dabei.
Groddecks erste und kühnste Vermutung hat sich als richtig erwiesen, es gibt keine Krankheit, die nicht vom Kranken produziert wird, auch keinen Beinbruch, keinen Nierenstein. Es ist eine Produktion, wie eine künstlerische, und die Krankheit bedeutet etwas.
Sie will etwas sagen, sie sagt es durch eine bestimmte Art zu erscheinen, zu verlaufen und zu vergehn oder tödlich zu enden. Sie sagt das, was der Kranke nicht versteht, obwohl sie sein eigenster Ausdruck ist, und man kann dennoch den Kranken dazu bringen, wenn es nötig ist [zu erkennen] (Groddeck hielt es nicht in allen [Fällen] für nötig zu analysieren oder nur kurz, manchmal aber lange), was er damit sagen wolle. Das scheint schwierig für den Kranken zu sein, denn wie [soll] er wissen, wie er zu einer Grippe kommt, es gibt ja bekanntlich Mikroben. Für Groddeck ist das Nonsens. Eine causa externa für Krankheiten gibt es nicht. Für Groddeck ist auch eine Infektion nichts weiter als die ausdrückliche Suche des *Es*, denn er ist es, der das berüchtigt-berühmte Wort geprägt hat, und Freud hat es von ihm übernommen und auf andere Weise verwendet (ein Kapitel für sich).
Dieses *Es*, das Unbewußte, etwas nur deswegen Geheimnisvolles, weil [das] Leben es ist, weil die Natur es ist, denn ein andres Geheimnis würde Groddeck, der von Durrell fälschlich als Philosoph oder Metaphysiker bezeichnet wird, ablehnen, ein Mann, der so klar denkt und die kom-

plíziertesten Sachverhalte einem Kind erklären und anschaulich machen kann, braucht keine Geheimnisse – er stellt nur etwas fest, von dem er nichts weiß, dessen Auswirkungen allein er kennt – und das *Es* ist für ihn ein Hilfswort, es ist kein Ding an sich, sondern es soll heißen, da ist etwas, das ist da und stärker und viel stärker als das Ich, denn das Ich vermag ja nicht einmal willentlich einzugreifen in die Atmung, in die Verdauung, in den Kreislauf, das Ich ist eine Maske, die Hoffart, mit [der] jeder von uns herumgeht, und wir werden vom *Es* regiert, das *Es* tut das, und es spricht durch die Krankheit in Symbolen. Wieder ein gefährliches Wort. Für Groddeck nicht. Das Symbol und die Sache sind eins. Ein Beinbruch ist nicht das Symbol für etwas, sondern der Beinbruch ist es, was gesagt wird, und der Kranke kann sehr oft auch spontan sagen, warum er sich dieses Bein gebrochen hat.

Groddecks Methoden müssen noch vor zehn Jahren belustigend geklungen haben. Heute glaube ich, daß man einige wieder zu schätzen wüßte.

Er muß, vom Helfen besessen, ein sehr grober Arzt gewesen [sein]. Grob mit einem Vorbehalt. Er wußte, warum er es war. Seine Todeskandidaten legte er nicht ins Bett, um sie tagelang weitersiechen zu lassen, er ließ sie im Sonnenschein spazierengehen, bis zur letzten Sekunde, er hatte einen zu großen Respekt [vor dem] Leben, und seine andren Patienten, die Lebenskandidaten, mit denen sprang er oft reichlich grob um, einer seiner berühmtesten Patienten und Bewunderer, der Graf Keyserling, schreibt darüber: »So heilte er durch eine Kombination von Psychoanalyse und Massage, bei welcher Weh-Tun eine nicht zu unterschätzende Rolle spielte: Aus der Abwehrbewegung gegenüber dem Schmerz wuchs bei seinen Patienten – denn zu ihm kamen nur solche, welchen Groddeck kongenial war – der Heilungswille, und zugleich fiel ihm beim akuten

Schmerz, durch stichwortartige Fragen aufgerufen, allemal zur Kur Dienliches ein.«[1]

Diese scheinbare Grobheit verdankte er seiner enormen Intuition. Wenn man weiß, was einen Kranken krank macht, kann man ihm, so oder so, helfen. Groddeck hat die Massage zeitlebens als Methode beibehalten, nicht weil er an sie glaubte, er hielt jede Methode für richtig. Und er hielt die Analyse für richtig, zu der er allein gekommen [war], unabhängig von Freud, obwohl er später immer wieder auf Freud hinweist.

Was er mit ihm gemeinsam hatte, das war weniger, als [es] den Anschein hat; es war vielmehr die Medizin, die ein paar große Anstöße nötig hatte und diese Genies brauchte.

Wenn man mit einem Autor ein paar Monate zugebracht hat, mit ihm so oft sich zerstritten hat, mit ihm sich so befreundet hat, ist es schwer, einen vernünftigen Schluß zu finden. Diese Kritik ist keine Kritik. Die Kritik wird erst stattfinden, sie ist auch nötig. Sie ist ein Hinweis, eine Aufforderung, ein Wunsch, einen Autor mit anderen zu teilen, den man lieber für sich behalten hätte, eifersüchtig, und weil man sich von einer Eifersucht befreien muß.

Ein Maximum an Exil – Über Leo Lipski: ›Piotruś‹

Aus Entwürfen

Kürzlich hat sich das Wiener Parlament mit dem Buch eines polnischen Schriftstellers befaßt, der heute Israeli ist und [in] Tel Aviv lebt. Wenn ich meinen Augen und den Wiener Zeitungen trauen darf, handelt es sich um einen Fall von Pornographie und um einen Fall für das österreichische Unterrichtsministerium, da ein Buch noch kaum je ein Fall in Wien geworden ist, wo Lesen zu den Nebenbeschäftigungen zählt, und [um] die Frage, ob einer Literaturzeitung, ›*Literatur und Kritik*‹, deswegen die finanziellen Mittel gesperrt werden sollen. Aber an Schildbürgerstreichen dieser Art ist ja jedes Land reich, und das verwunderliche an der Affaire ist vielmehr, wie ein Autor, der bisher unter Ausschluß der Öffentlichkeit existiert hat und nicht imstande war, einen Verlag für sich zu interessieren, einen so zweifelhaften Lokalruhm erreicht.

Die Mißverständnisse beginnen beim Klappentext[1], den ihm der Verlag gestiftet hat, in dem [die] Leser (und vermutlich auch die Kritik) in die Irre geführt werden. Neben Agnon, Rokeah etc. . . . ist hier zu lesen, eine neue Stimme aus Israel. Die Stimme ist nur insofern neu, als sie ungewöhnlich ist, und die Erklärung ist es auch, etwa [wie] wenn man hörte, eine neue Stimme aus Frankreich, Beckett, und nun vergeblich Frankreich zu suchen anfängt in seinem ›*Endspiel*‹, in ›*Krapp's Last Tape*‹.

Lipski ist, ebenfalls angeblich, schon einmal von Sartre entdeckt worden, es gibt in London und Paris einzelne Bücher, exilierte Bücher vielmehr, in Israel meines Wissens keine.

›*Piotruś*‹ gehört nicht zur israelischen Literatur oder zu den Zeugnissen, es ist vielmehr ein Buch, das herausfällt aus den Zusammenhängen, an die man sich zu glauben an-

gewöhnt hat, und verrät [sic!] somit zum ersten Mal das Gefühl, das ist wahr, so ist es wahr.
Es ist ein Maximum an Exil, es atmet, ohne es zu beschreiben, ein Land aus, in dem man nicht angekommen ist und in dem die Falltür zugeht, in dem man am weitesten von der Herkunft entfernt ist [. . .]

Nein, es ist kein gelungenes Buch, es ist ein erleuchtetes, wahres, an vielen Stellen, das Abreißen von Klischees ‹. . .› es ist ein Untergangsbuch, nicht weil dort etwas untergeht, sondern weil in Einzelnen etwas untergeht, was die andren noch eine Weile betreiben, Leben, Politik, Lieben, Essen, Schlafen.
»Aber ich konnte mir das nicht leisten. Ich war dazu einfach nicht in der Lage. Ich mußte mich heute noch, jetzt, gleich, sofort verkaufen.«
Der Ablauf: ein Krüppel verkauft sich, er kommt in das Haus von einer Frau Zinn, die ihn erwirbt, damit er das Klosett blockiert und die anderen Mieter es nicht benutzen können. Aus der Abortexistenz bricht er für eine Weile aus, um mit einem kleinen Mädchen, Batia, die [sic!] ihn aus Neugier zu ihrem soundsovielten Liebhaber macht, zu leben. Aber es ist weder diese Geschichte noch die mit Batia noch die Zusammenstöße mit den seltsamen Existenzen in diesen Gassen, in [– – –]
»Das Leben legt sich auf das Gesicht wie eine Staubschicht. Die Menschen sind von mir abgefallen.« Die Halluzination der Erregungen, kleine makabre Geschichten von sexuellen Bräuchen. Es wird aufgesogen von dieser allertraurigsten Existenz, von dem Angekommensein und Am-weitesten-weg-Sein. Das gelobte Land ist am meisten von sich selber entfernt. Es wird für die Angekommenen nie mehr zu finden sein.
Der Krüppel Piotruś, der den palästinensischen Alltag re-

gistriert, ‹. . .› eine leidenschaftliche Bewegung um einen Punkt, der Krüppel heißt, der ein Maximum an Exil heißt, der Nichtlebenkönnen heißt, der Sehen heißt, Fühlen, Riechen, Einverleiben, der Murmeln ist, Zerbröckeln, Zerfallen, Weinen, Versinken, und die Tiere werden sich auf die Brust setzen und: »Eine große Hexerei – oder gar nichts.« Das Buch bewegt sich zwischen einer Benutzung dieser großen Hexerei und Nichts. »Worte sind wie verwundete Vögel, die das Meer überqueren.«
Auch das steht in dem Buch, obwohl es keine Konfession ist, kein Programm enthält, kein Israelbild, keine soziologische Studie ist, ja nichts, gar nichts, nur in seinem Kern, der fühlbar bleibt, die Radikalität des großen Unglücklichen hat, der Gescheiterten, der Überlebenden, und damit zum ersten Mal von einem Land etwas erzählt, das wie andere Länder darauf bedacht ist, sich seine Glaubwürdigkeit zu erhalten.
Es ist das erste Buch über Israel, aber ich bezweifle, daß jemand es in dieser Hinsicht verstehen wird.

Das gelobte Land

Um eine Literatur zu bekommen, braucht ein Land eine lange, lange Geschichte. Die Geschichte einer Sprache, die Familiarität dieser Sprache mit dem, was auszudrücken ist. So erscheint es mir nicht zufällig, daß dieses Buch polnisch geschrieben wurde, daß noch andere Bücher denkbar sind, in anderen Sprachen, die vor dem Übergang, oder [der] endgültigen Ablösung, in der landfremden Sprache die wirkliche Geschichte zu erzählen vermögen. Es sind die verlorenen Bücher, es sind dies die Niemands[land]bücher.
»Über mir eine Familie aus Polen. Mama, Papa, sechsjähriges Töchterchen. Sie reden polnisch. Nur die Kleine macht absonderliche Fehler. Sie sagt: ›Diese Lehrerin wird

aus uns Menscher machen‹, oder: ›Wenn ich mit Papa rede, muß immer die Mama ins Wort steigen‹ ... ›Was wird um Gottes willen aus dem Kind? Wenn man uns doch bloß polnisch sterben ließe. Aber die – ‚rak iwrit', nur hebräisch. Schau, ich weiß sogar noch, was es in Polen für Heringe gab: Da waren Russen und Ostseeheringe ...‹«
Was in dieser einzigen Szene vorkommt, die das Sprachproblem berührt, eben in einer beliebigen Mietshausszene, ist aber die unterirdische Angst in dem Buch, die Worte könnten eines Tags Luft sein, sie könnten nichts mehr heißen für die Umgebung.
[...]

Das Tremendum – Sylvia Plath: ›Die Glasglocke‹
Entwurf

Sylvia Plath hat sich, dreißig Jahre alt, in London getötet. Die Rücksicht auf die Menschen, die ihr nahgestanden sind, das Recht auf das Private, das Geheimnis, erlauben es nicht, mehr darüber zu sagen.

Trotzdem ist ›*Die Glasglocke*‹ mit Recht als autobiographischer Roman zu bezeichnen, aber keineswegs, weil hier jemand seine Privatangelegenheiten einem sensationssüchtigen Publikum anbietet, sondern autobiographisch in dem Sinn, in dem die geistige Figur einer denkenden, zerfallenden, geschlagenen und zerstörten Kreatur als das einzig Interessante und Hinreißende an einem Menschen [– – –]

›*Die Glasglocke*‹ hat vielleicht einen unglücklichen Titel.

Das Auffallende ist im Anfang der kaum glaubliche Humor, das Komische, das Infantile, das Clownhafte in dieser neunzehnjährigen Esther Greenwood, die ein Mädchen ist, das lauter Einser hat, alle Preise und Stipendien gewinnt und plötzlich in New York, zwischen Essen, Parties, dummen Küssereien, langsam verunglückt, und sie verunglückt auf eine so unmerkbare Weise, daß man sich selbst nach der dritten Lektüre fragt, wo dieses geheime Unglück anfängt und wie, und ich bin geneigt, es wie alles, was an einem Buch nicht beweisbar ist, für das Beste und Seltsamste zu halten.

Die Nachtszene in New York, nachdem Esther ihre Kleider und ihre Wäsche von einem Hochhaus in die Nacht hinaustreiben läßt, und in der nächsten Szene finden wir sie in einem Autobus auf der Heimfahrt, in einem geborgten Dirndl, mit zwei Blutspuren im Gesicht, auf der Heimreise zur Mutter.

Danach das Anrennen, Szene nach Szene, in den Selbst-

mord, in den Wahnsinn, der, obwohl die Unterhaltungen mit den Ärzten wiedergegeben werden, nie bezeichnet wird, aber ein Krankheitsbild mit unheimlicher Präzision beschreibt, wo andre Autoren (wie etwa ‹– – –›) vollkommen versagen, weil sie sich offenbar nicht einmal im klaren darüber sind, daß auch die geistigen Krankheitsbilder, die psychotischen, einer genauen Beschreibung bedürfen und man nicht x-beliebige Wahnvorstellungen zusammenstellen kann, weil sie etwas »Poetisches« an sich haben.
Nichts ist poetisch an [der] Krankheit, und die großen Kranken von Dostojewskij bis Sylvia Plath wissen es, die Krankheit ist das schlechthin Entsetzliche, es ist etwas mit tödlichem Ausgang.

‹. . .›

Nun sollte sich Kritik auch fragen, wie schreibt Sylvia Plath, Stilfragen, Perspektiven, wie macht sie es.
Es ist aber die einzige Frage, die sich nie aufdrängt, denn wenn jemand etwas zu erzählen hat und so wenig Zeit hat, darüber nachzudenken, scheint es von selbst zu geraten, und der Dringlichkeit sind alle bloßen Kunstfragen untergeordnet, ohne daß [et]was andres würde als Kunst und nicht die Schablone des Kunstabenteuers, der Exhibition, des Verrats und des Selbstbetrugs, der fast alle neuen Romane »auszeichnet« und die Kritik immer [mehr] in die Enge treibt.
Es passiert sehr wenig Neues in der Literatur, ich glaube nicht, daß Sylvia Plath etwas Neues ist, sie hat weder die englische Sprache zertrümmert noch zum Auferstehen gebracht, noch etwas geleistet, was ihre Kritiker zu besonders hochtrabenden Einfällen veranlassen könnte.
Aber wie die Schriftsteller, die in der Hölle waren, wird sie unter den ersten sein, weil sie [unter] den letzten war. Und seit Malcolm Lowrys Nachlaß kenne ich nichts aus der englischen Literatur, das dieser Entgleisung fähig ist, und in dem es Stellen gibt, die den Verstand ebenso erschrek-

ken, wie sie [ihn] erschüttern. [– – –] ist, in dem die Feigen von dem Feigenbaum, von dem sie träumt, seltsamerweise doch gereift sind, nicht alle, aber die eine, für Esther heißt die »eine berühmte Dichterin« werden.
Und am Ende hat man auch den Titel vergessen, denn kein Buch und keine Person kann man sich weniger unter einer Glasglocke vorstellen als dieses über Esther.

[Thomas Bernhard:] Ein Versuch

Entwurf

Da nichts unentdeckt bleibt, nichts ungedruckt, nichts ungelobt, das Malheur mit den Büchern [und] der Kritik also woanders liegen muß, als man es gemeinhin sucht, und das Unglück der Kritik, die sich strapaziert mit vielen Problemen, könnte also darin liegen, daß ihr jedes Gefühl für Rang fehlt.

Seit einigen Jahren erscheinen Bücher von Thomas Bernhard, nicht als das Resultat des Vielschreibens, sondern offenbar aus einem Grund höchster und gespanntester Produktivität, und von den letzten dieser Bücher, ›*Prosa*‹, ›*Watten*‹, und schon ›*Verstörung*‹, mit ihrem ungeheuren Monolog des Fürsten Saurau, und Seiten, die so peinigend zu lesen sind, daß ich nicht beschwören möchte, alle gelesen zu haben, auch nicht imstande bin, alle zu lesen [– – –]

Daß jemand im Abstand [zu] der zeitgenössischen Literatur schreibt und ihn vergrößert durch die Einsamkeit, ‹. . .› ist allein ein Grund, um nichts Rechtes damit anzufangen [zu] wissen. Wohin gehört er, was will er, wo bleiben die Bezüge (wozu?), in welches Gespräch mischt sich dieser Monolog, also in keines, was hat er zu sagen und wem? Und die Gesellschaft, die Leser, das Publikum, die Fronten, die Erfordernisse, der Nutzen?

Wenn die Fragen verstummen, worin denn die Modernität liege, das Neue, dann heißt das zweifellos, daß es äußerlich nicht ablesbar ist, kein Buchstabenexperiment, nicht kalligraphische Mutproben, sondern eine Radikalität, die im Denken liegt und bis zum Äußersten [geht]. Wie sehr diese Bücher die Zeit zeigen, was sie gar nicht beabsichtigen, wird eine spätre erkennen, wie eine spätre Zeit Kafka begriffen hat. In diesen Büchern ist alles genau, von der schlimmsten Genauigkeit, wir kennen nur die Sache noch nicht, die hier so genau beschrieben wird, also uns selber nicht.

Die Stilfrage, die von den geistreichsten Leuten aller Zeiten nie beantwortet werden konnte, nicht, ob es die kollektiven Merkmale sind, die persönlichen Eigenheiten, das völlige Verschwinden jeder Eigenheit, sozusagen ein Stil der Unauffälligkeit – nach dem alten Satz, wer am besten gekleidet ist, ist unauffällig gekleidet –, [ist] heute so schwer wie eh und je zu entscheiden. Stil ist zweifellos unauffällig, wenn man darunter versteht, daß man ihn ebenso vergißt wie wahrnimmt, die Eigenheit kommt aus dem Zwang, und bei Bernhard ist alles zwanghaft, die Benutzung von furchtbar, dumm, geehrter Herr, Höflichkeiten, Distanzen, [das] Vokabular des Erschreckens, eine Stigmatisierung, die Adjektive ehren wieder, die Verben sind mit [der] größten Vielfältigkeit, die das Deutsche erlaubt, [– – –], ihr geheimes Hinunterreden, nicht nur Hineinreden, Herausreden, Überreden, Zureden, bei Bernhard wird alles Hinunterreden, ein Hinabreden.

Die großen Bücher beschämen nicht die weniger großen oder die wichtigen, denn sie entstehen auf einem anderen Planeten. Ohne diese Bücher wäre die Literatur aber ein Sammelsurium von Geschriebenem, denn sie sind so notwendig, es ist evident, daß sie kommen müssen.

Das Müssen, die Notwendigkeit, das Unausweichliche stempelt alle Bücher von Bernhard, angefangen vielleicht mit ›*Amras*‹, in dem die Unruhe noch stärker ist als die Beherrschung dieser Unruhe, die gläserne Ruhe im Umgang mit einer zerbröckelnden Welt. Die Vorgänge werden immer einfacher, sinnfälliger, in ihrer gesamten Sinnlosigkeit. Ein paar Zeilen aus ›*Watten*‹ über die Gegenstände, die heute hergestellt werden: »Die Industrie erzeugt alles viel zu klein heute, sage ich zum Fuhrmann, sie macht alles zu kurz und zu eng, und die Qualität ist die schlechteste. Im

Grunde laufen die Leute mit Kleidern herum, die ein Betrug sind, weil sie zu kurz sind, zu eng sind, zu schlecht sind. Die Leute haben aber auch längst kein Gefühl mehr für Qualität. Für Haltbarkeit. Für Erstklassigkeit. Schon in kurzer Zeit zerfällt alles, was man anrührt.«[1]

Das Nicht-mehr-Watten-Gehen, das Nicht-mehr-ins-Theater-Gehen, das eben das wirkliche Vorkommnis ist, nicht wie die Leute meinen, es gäbe eine Krise des Theaters, des Dramas, der Komödie, es geht ja darum, ins Theater zu gehen, und warum ist es nicht möglich. Es geht darum, Karten spielen zu gehen, aber warum geht es nicht. Es geht um vieles, das nicht mehr verbesserungsfähig ist, um das Unerziehbare, das Unkorrigierbare, ehe man das nicht weiß, was unheilbar ist, wird man auch nicht das geringste an der Stelle anfassen können, wo es [– – –]

Nehmen wir eine einfache Geschichte: über das Theater, zwei Männer gehen miteinander zweimal auf und ab und sprechen über das Theater, in das sie nicht gehen.

Ich bin überzeugt, daß die letzte Prosa von Bernhard über die Becketts weit hinausgeht, ihr unendlich überlegen ist, durch das Zwingende, das Unausweichliche und die Härte.

In all den Jahren hat man sich gefragt, wie wird es wohl aussehen, das Neue.

Hier ist es, das Neue. Es ist nicht brauchbar, noch nicht brauchbar, integrierbar auch nicht, es steht ja alles darin.

Daß in [der] deutschen Sprache wieder die größte Schönheit, Genauigkeit, Art, Geist, Tiefe und Wahrheit geschrieben wird, ‹. . .› Konstellationen aus tiefem Unglück, die das Glück des Bedeutenden ausmachen. Die Worte, wie Bernhard sie setzt, gewinnen etwas Unmißverständliches wieder zurück, er sagt furchtbar, Unzucht, an Stellen, die es wirklich verdienen, belästigen, die Kenntnisse werden beinah unterdrückt, um die einfachen Furchtbarkeiten um so deutlicher hervortreten zu lassen, es sind Bücher über die letzten Dinge, über die Misere des Menschen, nicht über

das Miserable, sondern die Verstörung, in der sich jeder befindet.
Sie sind voll Pathos, wenn man noch weiß, was dieses Wort wirklich bedeutet, sie sind voll von Leiden, und die Erträglichkeit und Unerträglichkeit hängen damit aufs Engste zusammen.
Vor allem, was mehr ist, als man erwartet hat, und man hat ja wenig zu erwarten in dieser Zeit, stellt sich am Ende eine große Verlegenheit ein. Ist hier etwas zu loben? Ist ein Ruhm im Kommen, der der deutschen Literatur, die wie alles auf ihre Sternstunden warten hat müssen?

[Bertolt Brecht: Vorwort zu einer Gedichtanthologie]

Entwurf

Brecht ist ein sehr merkwürdiger Dichter. Er steht schon im Klassenbuch, und man hat ihn deswegen nicht zu Wort kommen lassen.
Er steht noch und darf sich nicht setzen.
In Rom gibt es ein kleines Theater, das ihm gefallen hätte, da sind Bänke wie in alten Schulen, mit Rinnen für die Federn und dem Loch für [das Tintenfaß], darin wird aber nicht Brecht gespielt, sondern jemand anders spielt dort, auch rücksichtslos, leidenschaftlich, es hätte ihm vielleicht gefallen.
Brecht hat viele Gedichte geschrieben, einige habe ich sehr früh gelesen und andre noch immer nicht, es sind eben viele, sie haben, so sagt man, den Brecht-Ton, manche haben den nicht, sie sind, unvermutet, ihm aus der Hand gefallen, und dann [hören] sich einige Zeilen an wie von den besten deutschen Dichtern, unter denen steht »Dichter unbekannt«.
Brecht ist am besten, wenn er »unbekannt« wird. »Und der Himmel hält mit den Sternen das Kreuz in der Schwebe«, was wollte er aber damit sagen. Das weiß zum Glück niemand, denn keine Philologenschar wird je ausmachen, was jemand hat sagen wollen, wenn er in die Schwebe gekommen ist.
Eine radikale Intelligenz, ein Bleigewicht, eine Luftleichtigkeit, das sind Voraussetzungen, es wird Machbares gemacht. Das Beste ist nicht machbar, obwohl es nachweisbar gemacht worden ist.
La grazia sola ist ein Begriff, den er nicht geliebt hätte, nur in dem Wortsinn, und es gibt doch nur den Wortsinn.
Brecht ist so einfach, daß ihm die Nachwelt so viel auch

nicht anhaben kann, wenn er nach Schweiß riecht, einer Schweiß riechen will, so soll er doch, aber wenn er keinen Geruch verträgt, dann bleibt doch vieles übrig. Daß Brecht mehr als intelligent sein könnte, daß er Geist haben könnte und daß der Geistmarschtritt in keinem Gedicht kopierbar ist, darauf kommen sie nicht, sie marschieren mit, meinen sie, und sie hören nicht, daß er sie längst hinter sich gelassen hat.

Wenn ein halbes Zeitalter zu Ende gegangen ist, merkt man mehr Verwandtschaft und mehr von dem, »ich fühle Luft von anderen Planeten«, es sind die Todfeinde, die sie spüren.

Daß Brecht unbezweifelbar für den Klassenkampf geschrieben hat, daß er anarchisch, dann klassenkämpferisch, dann im System verankert geschrieben hat, jeder weiß es, niemand hat dran zu rütteln, denn es gibt ja nichts zu deuteln, er hat es getan, wer urteilt da noch? ‹. . .› Wer weiß noch, warum Dante jemand in die Hölle, jemand ins Paradies geworfen hat, eine Philologenschar, sehr beachtlich, sehr nützlich, die Kämpfe waren da, es gibt andere, und man kann sich den Kehrricht ansehen, man schaut sich nur die Zeilen anders an. Was ist geblieben.

Wenn es mit rechten Dingen zuginge, wäre er der Volksdichter geworden, den jeder versteht, denn seine Tonfälle, seine Kehrtwendungen, sein makabrer Witz hätten ihm diese Auszeichnung verschafft, aber niemand liebt das Volk weniger als das Volk, das mit dem Volk soviel zu tun [zu] haben meint, es versteht seinen eigenen Witz nicht.

Brecht hat sie ihm abgeschaut, aber es hat nie zurückgeschaut, es bestaunt ihn triefäugig, es versteht nicht die natürlichen Wendungen, ja, das Meer ist blau, so blau, und [schaut ihm] nicht mitten ins Gesicht, es erkennt seine eigenen komischen Züge nicht.

Ich glaube, er hat kein Publikum. Er ist so fremd wie Hölderlin, und sein Pathos, das von mir bewunderte Pathos,

den großen Ton, versteht es auch nicht. Sieh jene Kraniche, und, wer es hinwegfegen wird, der Wind.
Brecht hat so große Gebärden, so volkstümliche, daß die einen zu wenig volkstümlich, die andren viel zu großartig sind, um diese Nieren oder diese Hirne oder was es auch sein mag zu treffen.
Es ist ein ironischer, ein katastrophischer, ein zerrissener, ein grandioser Rettungsversuch.
Vorbildlich:
Er hatte die großen Worte auch an der richtigen Stelle. Er hat, wie ich es einmal zu sagen versuchte, teilgenommen an der Utopie, an dem vieltausendjährigen Virus gegen die schlechte Sprache. An unserem Ausdruckstraum.
Tue es vorbildlich.
Wirst du noch etwas tun für dich? Hoffnungsvoll und verantwortlich, mit guten Bewegungen, vorbildlich.
»Alles andere wäre zu bitter.«
Das Volk ist nicht tümlich.[1]
Wir leben nicht ewig.
Nein, gewiß nicht.

Anmerkungen

Die chronologische Ordnung der Essays und der Dankansprachen zur Verleihung des Hörspielpreises der Kriegsblinden, des Georg-Büchner-Preises und des Anton-Wildgans-Preises richtet sich nach dem Datum der Erstveröffentlichung als Erstdruck oder als Hörfunk- bzw. Fernsehaufnahme.
Bei den Kleineren Schriften ist das Prinzip der chronologischen Ordnung nach Veröffentlichungsdaten nicht einzuhalten gewesen. Die Herausgeber haben sich darauf beschränkt, die Texte wo es möglich war, nach Themen zu gruppieren. Innerhalb der Gruppierungen besteht weitgehend eine chronologische Ordnung nach Entstehungsdaten.
Auf den frühen Text BIOGRAPHISCHES, der zu keiner Themengruppe gehört, folgen als erste Gruppe drei Texte über Gedichte [WOZU GEDICHTE?], [ZUR ENTSTEHUNG DES TITELS ›IN APULIEN‹] und DAS GEDICHT AN DEN LESER; als zweite Gruppe drei frühe Rezensionen über Bücher von José Orabuena, Alfred Mombert und Franz Kafka. Die dritte Gruppe enthält Momentaufnahmen von Begegnungen mit der Gruppe 47, mit Witold Gombrowicz und Giuseppe Ungaretti. Es folgen zwei nicht datierbare Reflexionen, [JEDE JUGEND IST DIE DÜMMSTE] und [AUF DAS OPFER DARF KEINER SICH BERUFEN]; als nächstes die Städteskizzen [FERRAGOSTO] und LEIPZIG, zusammen mit dem bereits veröffentlichten Text ZUGEGEBEN; den beiden Entwürfen über die Interpretationskunst von Maria Callas HOMMAGE À MARIA CALLAS und über die Figur des Jago in [OTELLO] folgen als letzte Gruppe die Entwürfe zu einer Werkbesprechung von Georg Groddeck und zu Rezen-

sionen über Bücher von Leo Lipski, Sylvia Plath und Thomas Bernhard, zusammen mit dem Vorentwurf zu einer Gedichtanthologie von Bertolt Brecht.
Für die Textgestalt maßgeblich ist bei den veröffentlichten Texten der Abdruck letzter Hand, bei den Entwürfen, sofern mehrere Entwürfe vorliegen, ist es jeweils der am weitesten ausgeführte Entwurf.
Textvarianten zwischen den der Textgestalt zugrunde gelegten Texten werden nicht im Wortlaut angegeben, es wird lediglich auf ihr Vorhandensein hingewiesen. Alle übrigen Textvarianten bleiben unberücksichtigt.

Verwendete Zeichen

[– – –]	a) Fehlendes Wort oder mehrere fehlende Wörter b) Text bricht ab
‹– – –›	Text nicht entzifferbar
‹. . .›	Text entzifferbar, aber ohne Sinnzusammenhang
[?]	Nicht gesicherte Entzifferung
[. . .]	Von den Herausgebern weggelassener Text
[ ]	Enthält von den Herausgebern eingesetzte Wörter oder Titel

Ludwig Wittgenstein – Zu einem Kapitel der jüngsten Philosophiegeschichte S. 7

Erstveröffentlichung in: Frankfurter Hefte. Zeitschrift für Kultur und Politik. Frankfurt/M., Jg. 8, Heft 7, Juli 1953. S. 540–545.

Der Textgestalt liegen zugrunde:

Ludwig Wittgenstein, Schriften, Beiheft. Suhrkamp Verlag, Frankfurt/M. 1960. S. 7–15. Revidierte Fassung. – Ingeborg Bachmann, Gedichte Erzählungen Hörspiel Essays. Piper Verlag, München 1970. Mit vier Textvarianten.

Der zweite Teil des Titels nimmt Bezug auf das Buch von Victor Kraft »›Der Wiener Kreis‹ – Der Ursprung des logischen Positivismus«, das im Untertitel heißt: »Ein Kapitel der jüngsten Philosophiegeschichte«, erschienen im Springer-Verlag, Wien 1950.

Die Anmerkungen von Ingeborg Bachmann sind dem Band Gedichte Erzählungen Hörspiel Essays, Piper Verlag, München 1970 entnommen:

1 Zuerst erschienen als »Logisch-philosophische Abhandlung« in den »Annalen der Naturphilosophie«, 1921

2 »Erkenntnis«, Band 2, Leipzig 1931

3 Bonn 1929

4 Ewald Wasmuth macht, mit Recht, darauf aufmerksam, daß das »Mystische« in diesem Satz an Platons »Staunen« und an Heideggers Frage: »Warum ist überhaupt Seiendes und nicht vielmehr nichts?« erinnere. Doch wäre es Wittgenstein unmöglich, eine solche Frage zu stellen, da er verneint, was Heidegger voraussetzt: daß im Denken das Sein zur Sprache komme.

5 Ferdinand Kürnberger, Wiener Publizist (1821–1879), im Jahre 1848 zur Flucht aus Österreich gezwungen,

schrieb Romane und Erzählungen, vor allem jedoch kulturpolitische und gesellschaftskritische Arbeiten. Seine hervorragenden sprachkritischen Aufsätze und Verurteilungen der zeitgenössischen Presse lassen ihn als einen Vorläufer von Karl Kraus erscheinen.

Ins tausendjährige Reich S. 19
Der Textgestalt liegt zugrunde:
Akzente. Zeitschrift für Dichtung. München, Jg. 1, Heft 1, Februar 1954. S. 50–53. (Einzige Veröffentlichung.)
Einer von drei Beiträgen zu dem Thema: »Zu Robert Musils Roman: ›Der Mann ohne Eigenschaften‹«.

Was ich in Rom sah und hörte S. 24
Erstveröffentlichung in: Akzente. Zeitschrift für Dichtung. München, Jg. 2, Heft 1, Februar 1955. S. 39–43.
Der Textgestalt liegen zugrunde:
Ingeborg Bachmann, Gedichte Erzählungen Hörspiel Essays. Piper Verlag, München 1964 und 1970.

Die blinden Passagiere S. 30
Erstveröffentlichung in: Jahresring 55/56. Ein Querschnitt durch die deutsche Literatur und Kunst der Gegenwart [Bd. 2], Stuttgart 1955. S. 30–36.
Der Textgestalt liegen zugrunde:
Ingeborg Bachmann, Gedichte Erzählungen Hörspiel Essays. Piper Verlag, München 1964 und 1970.

Die wunderliche Musik S. 40
Erstveröffentlichung unter dem Titel Musik in: Jahresring 56/57. Ein Querschnitt durch die deutsche Literatur und Kunst der Gegenwart [Bd. 3], Stuttgart 1956. S. 217–227.
Unter dem Titel Die wunderliche Musik erschien der 1. Teil: Vorbereitungen – Garderobe – Zuhörer – Ohren – Dirigenten – Sänger – Ballett in: Melos. Zeitschrift für

neue Musik. Mainz, Jg. 23, Heft 9, September 1956. S. 244 ff. Der 2. Teil: Partituren – Alte Musik – Neue Musik – Schwere und leichte Musik – Musikstädte – Ein Blatt für Mozart – Musik folgte unter dem Titel NOCH EINMAL: DIE WUNDERSAME MUSIK in Heft 11, November 1956. S. 313–316.
Der Textgestalt liegen zugrunde:
Ingeborg Bachmann, Gedichte Erzählungen Hörspiel Essays. Piper Verlag, München 1964 und 1970.

MUSIK UND DICHTUNG S. 54
Erstveröffentlichung in: Musica Viva. [Festschrift.] Nymphenburger Verlagshandlung, München 1959. S. 161–166.
Der Textgestalt liegen zugrunde:
Ingeborg Bachmann, Gedichte Erzählungen Hörspiel Essays. Piper Verlag, München. 1964 und 1970.

TAGEBUCH S. 58
Beitrag zur Probenummer einer internationalen Zeitschrift
Erstveröffentlichung in italienischer Sprache in: »il menabò di letteratura« No. 7. Giulio Einaudi editore, Torino 1964. S. 262–274, unter dem Titel »Diario in Pubblico«, übersetzt von Lia Secci.
Aus dem Nachlaß veröffentlicht in: Ensemble. Internationales Jahrbuch für Literatur. Bd. 6. München 1975. S. 61–74.
Der Textgestalt liegen zugrunde:
Typoskript 1284–1295 aus dem Nachlaß.
Die Zeitschrift sollte unter dem vorläufigen Titel »Gulliver« gleichzeitig in italienischer, deutscher und französischer Sprache erscheinen, bei Einaudi Turin, Suhrkamp Frankfurt/M. und Julliard Paris. Wegen Unstimmigkeiten unter den drei Redaktionsgruppen wurde die Veröffentlichung der seit April 1963 vorliegenden Texte zunächst verschoben und erfolgte schließlich allein in italienischer

Sprache als Probenummer des »Gulliver«, die von der Zeitschrift »il menabò« beherbergt wurde.
Den drei Redaktionsgruppen gehörten 1963 folgende Schriftsteller an:
Deutsche Gruppe: Ingeborg Bachmann, Walter Boehlich, Hans Magnus Enzensberger, Günter Grass, Helmut Heißenbüttel, Uwe Johnson, Martin Walser. *Französische Gruppe:* Robert Antelme, Roland Barthes, Maurice Blanchot, Michel Butor, Louis-René des Forêts, Michel Leiris, Dionys Mascolo, Maurice Nadeau, Geneviève Serreau. *Italienische Gruppe:* Italo Calvino, Francesco Leonetti, Alberto Moravia, Pier Paolo Pasolini, Elio Vittorini.

Reden

DIE WAHRHEIT IST DEM MENSCHEN ZUMUTBAR S. 75
Rede zur Verleihung des Hörspielpreises der Kriegsblinden
Erstveröffentlichung in: Hörfunk-Livesendung des WDR Köln vom 17. März 1959 (Tag der Preisverleihung). Siehe Ingeborg Bachmann in Ton- und Bildaufzeichnungen, I, 13. Werke, Bd. IV. Piper Verlag, München 1978. S. 447 f.
Erstdruck in: Der Kriegsblinde. Zeitschrift für Verständnis und Verständigung. Bielefeld, Jg. 10, Nr. 8 vom 15. April 1959. S. 1 f.
Der Textgestalt liegen zugrunde:
Ingeborg Bachmann, Gedichte Erzählungen Hörspiel Essays. Piper Verlag, München 1964 und 1970.
Weggelassen ist die Anrede: *Meine sehr verehrten Damen und Herren.*

Ein Ort für Zufälle S. 78
Rede zur Verleihung des Georg-Büchner-Preises (Gehalten unter dem Titel Deutsche Zufälle)
Erstveröffentlichung in: Hörfunk-Livesendung des HR Frankfurt in der Orangerie Darmstadt vom 17. Oktober 1964 (Tag der Preisverleihung). Siehe Ingeborg Bachmann in Ton- und Bildaufzeichnungen, I, 26. Werke, Bd. IV. Piper Verlag, München 1978. S. 455.
Erstdruck unter dem Titel Ein Ort für Zufälle in: Deutsche Akademie für Sprache und Dichtung, Darmstadt. Jahrbuch 1964. Verlag Lambert Schneider, Heidelberg/Darmstadt 1965. S. 157–169.
Der Textgestalt liegen zugrunde:
Jahrbuch 1964 der Deutschen Akademie für Sprache und Dichtung, Darmstadt 1964. – Büchner-Preis-Reden 1951–1971. Philipp Reclam jun., Stuttgart 1972.
Weggelassen sind in beiden Abdrucken die Anrede und die Anfangssätze: *Meine Damen und Herren, ich danke für die große Ehre, die mir erwiesen wird mit der Zuerkennung des Georg-Büchner-Preises. Ich danke herzlich der Deutschen Akademie für Sprache und Dichtung und ihrem Präsidenten, den Bürgern dieser Stadt und dem Land Hessen.*
Eine veränderte und erweiterte Fassung erschien, ebenfalls unter dem Titel Ein Ort für Zufälle, in der Reihe der Quarthefte (Nr. 6), Verlag Klaus Wagenbach, Berlin 1965. Mit Zeichnungen von Günter Grass.
Dem Text als Motto vorangestellt ist ein Zitat aus der Erzählung »Lenz« von Georg Büchner. Die Prosazeilen sind hier in Versform gesetzt.
Er jagte mit rasender Schnelligkeit
sein Leben durch, und dann sagte er:
»Konsequent, konsequent«;
wenn jemand was sprach:
»Inkonsequent, inkonsequent«;

– es war die Kluft unrettbaren Wahnsinns ...

Der Text beginnt mit dem Absatz S. 79 *Es ist zehn Häuser nach Sarotti ...*

S. 80 *tun, ja ist,* lies: *tun, ist, ja ist,*

S. 80 *böllert* lies: *zieht*

S. 80 *prasselt* lies: *fährt*

S. 80 *Seifenschale.* lies: *Seifenschale das Fahrwerk aus.*

S. 81 *Von den Glocken* lies: *Von Glocken*

S. 82 *verklemmt von vielem Zeug, die Lifts* lies: *verklemmt die Lifts*

S. 82 *angestopft* lies: *vollgestopft*

S. 82 *im Kommen* lies: *unterwegs*

S. 82 *er: Alle können* lies: *er, um Ruhe zu schaffen, alle können*

S. 83 *dunklen, kalten Balkone* lies: *dunklen Balkone*

S. 83 *heißen Kaffee* lies: *wieder Kaffee*

S. 83 *Auf dem* lies: *Aus dem*

S. 83 *darüber* lies: *drüber*

S. 83 *herunter, auf dem* lies: *herunter, aber sie hebt ihn wieder auf, dann kommt der andere Teil herunter, auf dem*

S. 84 *geht weiter. Es wird* lies: *gehe weiter, das werde*

S. 84 *nicht mehr belästigt* lies: *nicht belästigt*

S. 84 *sie purzeln* lies: *sie rutschen*

S. 84 *anrichten, da kommt alles zu spät, ein* lies: *anrichten, ein*

S. 84 *Anstalt hinein, alle* lies: *Anstalt und sprengt alle*

S. 84 *Tragbahren spritzen hoch.* lies: *Tragbahren hoch.*

S. 85 *bevor, es ist etwas Furchtbares, es schluchzt* lies: *bevor. Es schluchzt*

S. 85 *verfangen* lies: *fangen*

S. 87 *sein, man muß es uns sagen!« Es regnet* lies: *sein!« Es regnet*

S. 87 *Er spendiert noch einmal eine Runde,* lies: *Er läßt noch einmal eine Runde springen.*

S. 87 *Dann läuft es auch aus den Augen heraus, es ist fast nichts mehr zu sehen.* gestrichen. Anschließend folgender Text eingefügt:

Im Kommen ist jetzt der Kreuzberg, die feuchten Keller und die alten Sofas sind wieder gefragt, die Ofenrohre, die Ratten, der Blick auf den Hinterhof. Dazu muß man sich die Haare lang wachsen lassen, muß herumziehen, muß herumschreien, muß predigen, muß betrunken sein und die alten Leute verschrecken zwischen dem Halleschen Tor und dem Böhmischen Dorf. Man muß immer allein und zu vielen sein, mehrere mitziehen, von einem Glauben zum andern. Die neue Religion kommt aus Kreuzberg, die Evangelienbärte und die Befehle, die Revolte gegen die subventionierte Agonie. Es müssen alle aus dem gleichen Blechgeschirr essen, eine ganz dünne Berliner Brühe, dazu dunkles Brot, danach wird der schärfste Schnaps befohlen, und immer mehr Schnaps, für die längsten Nächte. Die Trödler verkaufen nicht mehr so ganz billig, weil der Bezirk im Kommen ist, die Kleine Weltlaterne *zahlt sich schon aus, die Prediger und die Jünger lassen sich bestaunen am Abend und spucken den Neugierigen auf die Currywurst. Ein Jahrhundert, das sich auch hier nicht zeigen will, wird in die Schranken gefordert. An einem Haustor, irgendeinem, wird gerüttelt, ein Laternenpfahl umgestürzt, einigen Vorübergehenden über die Köpfe gehauen. Es darf gelacht werden in Berlin.*

Nach Mitternacht sind alle Bars überfüllt, die Eierschale, *die* Badewanne, *der* Pferdestall. Kleist-Kasino, Volle Pulle, Tabu, Chez nous. Riverboat *und* Big Apple *und* Eden Saloon. *Es sind lauter Orte, von Musikstößen erschüttert, von Beben, die in der Nacht ausbrechen, immer nur für Stunden. Der Umsatz wird gesteigert, es gibt sofort eine Inflation von nassen Händen und verglasten Augen. Ganz Berlin ist nachts ein Platz für Umsatz und Umschlag. Alles gerät durcheinander, dann sondern sich einige ab. Die*

Spionage hat leichte Arbeit, jede Zerrüttung ist durchsichtig. Jedem ist daran gelegen, sein Geheimnis loszuwerden, seine Nachricht zu geben, zusammenzubrechen im Verhör. Jeder hat jetzt jeden am Hals, und keiner kann die unterschobene Rechnung kontrollieren, in dem wenigen Licht. Draußen ist schon wieder Morgen, da ist es zu hell. Da geht keine Rechnung mehr auf. Nur von den Transvestiten weiß niemand, in welcher Gestalt und mit welchem Siegel auf den geschminkten Lippen sie nachhause gehen werden, um dann hineinzuschlafen, fröhlich, in jeden Tag.

Wer ungeladen in die Stadt abspringt, hier aussteigt, da überläuft, herübergeht, hinübergeht, der wird eingeliefert, geröngt, vermessen und behandelt. Er wird mit verbundenen Augen in die getarnten Häuser geführt, dort löst man ihm die Binde, er weiß natürlich nicht, wo er ist, und hat nicht zu fragen. Die Herren mit den getarnten Gesichtern fragen. Es ist alles geheim. Sie fragen aber nichts Sonderliches, nur nach dem Namen und wie gelebt und warum und wen gesehen und wann, immer wie wo und warum. Es ist so geheim, daß man vor anderen Herren es noch einmal wiederholen muß, laut und bestimmt. Man kann immer wieder dasselbe sagen, niemand nimmt es übel, es gibt nur selten abweichende Fragen von anderen Herren. Es dauert stundenlang, tagelang, bis man ein wenig zittert, wenn man zum letzten Mal seinen Namen sagt, bestimmt und beherrscht. Dann hat man alles zu vergessen, wird mit der vorgebundenen Binde weggebracht und kann bleiben. Hat nichts verraten. Hat verraten. Hat nicht gelogen. Hat gelogen. In den Häusern waren aber nur Sessel und Tische, keine schwarze Wand, nicht einmal Daumenschrauben. Nur ein Hüsteln hie und da, ein Knöchelschlagen auf die Tischplatte, ein gleichgültiger Blick. Die Häuser sind aber auch nicht wiederaufzufinden. Die Sicherheitsdienste bleiben geheim.

S. 88 *und Wasserhähne* lies: *und die Wasserhähne*
S. 88 *anderen* lies: *andren*
S. 89 *Die Schwester singt.* gestrichen
S. 89 *anderen* lies: *andern*
S. 89 *anderen* lies: *andren*
S. 90 *ist Auferstehung. Ostern. Unter den Linden sind schwarz, rot und gold die Osterglocken versteckt.* lies: *Es ist Auferstehen schwarz rot und gold, Unter den Linden.*
S. 90 *fährt zum Himmel.* Anschließend folgender Text eingefügt:

Das glaubt niemand, am wenigsten die Neuangekommenen, daß die Tiere alle wirklich am Bahnhof Zoo wohnen. Niemand ist gefaßt auf das Kamel. Auf seinem Höcker steht jetzt die Siegessäule. Wegen der Tiere leeren sich die Bahnsteige wieder sehr rasch. Die Männer gehen alle ins Aquarium, die Frauen ins Affenhaus. Die Männer verharren stundenlang vor den Fischen, zuletzt vor den kleinen Eidechsen, sie haben lauter grüngoldene Eidechsen im Aug, sanfte, sanfteste, die sie gern mitnehmen möchten, aber die Wächter klopfen sogar die Brusttaschen ab an der Tür, es ist nichts zu machen. Die Frauen, alle weit voneinander entfernt und mißtrauisch gegeneinander, besuchen ihren besonderen Affen. Sie haben einen silbernen Löffel und einen seidenen Beutel mitgebracht und geben nur ihrem Affen den Zucker. Vor Torschluß erst treffen die Männer und Frauen zusammen, in dem Treibhaus, auf der Brücke, über einem angedeuteten Fluß. In der stickigen Hitze dösen unten die Krokodile. Alles blickt mit immer schwerer werdenden Augen hinunter, aber die Krokodile geben keine Vorstellung und warten ab. Jetzt könnte die Brücke einstürzen und die Krokodile lebendig machen, aber sie stürzt nicht ein. Es kann niemand hinunterfallen, solange keiner absichtlich stößt. Die Temperatur darf nicht steigen, weil sie genau reguliert ist, aber da steigt die Temperatur trotzdem. Alle mögen die Krokodile nicht mehr sehen, drängen hinaus und möchten zurücksein zur Abendvisite.

S. 90 *oder Flieger* lies: *und Flieger*

S. 90 *Die Kinder sind wie die Kletten auf dem Beton. Die Posten fluchen.* gestrichen

S. 91 *am Bahnhof Zoo,* lies: *am Kurfürstendamm*

S. 91 *Sie hat sich verlobt mit der Bundeswehr.* gestrichen

S. 92 *jetzt die »Diplomatie«.* lies: *jetzt »Diplomatie«.*

S. 92 *Leinentücher* lies: *Leintücher*

S. 92 *ein großer schwarzer Kater bäumt sich bis zur rosenverzierten Decke.* gestrichen

[Rede zur Verleihung des Anton-Wildgans-Preises] S. 94

Der Anton-Wildgans-Preis der Vereinigung Österreichischer Industrieller wurde Ingeborg Bachmann am 2. Mai 1972 überreicht. Die Fernsehaufzeichnung der Dankrede ist nicht erhalten.

Das Typoskript aus dem Nachlaß ist keine Reinschrift der Rede, es weist zahlreiche Verschreibungen, Streichungen, handschriftliche Korrekturen und zwei Auslassungen auf.

Der Textgestalt liegt zugrunde:

Typoskript 826, 829, 828, 830 (= S. 1–4) aus dem Nachlaß.

Kleinere Schriften

Biographisches S. 101

Entstanden zwischen Mai und September 1952.

Der Textgestalt liegen zugrunde:

Typoskript 1804, 1805 aus dem Nachlaß, ohne Titel. – Hörfunk-Aufnahme des NWDR Hannover vom 3. November 1952. Siehe Ingeborg Bachmann in Ton- und Bildaufzeichnungen 1,3.01. Werke, Bd. IV. Piper Verlag, München 1978. S. 441. – Typoskript 840, 841 aus dem Nachlaß, ohne Titel. Diese zweite Fassung ist vermutlich nach der Veröffentlichung im Hörfunk entstanden. Ungeklärt bleibt, warum Ingeborg Bachmann, obschon sie im September 1952 Italien kennengelernt hatte, am 3. November 1952 in der ersten Fassung liest: *Italien, das ich nie gesehen habe.*
Ein Abdruck konnte nicht ermittelt werden.

[Wozu Gedichte?] S. 103
In Westermanns Monatshefte, Heft 4, April 1955, schrieben unter dem gemeinsamen Titel »Mein liebstes Gedicht« Ingeborg Bachmann, Rudolf Hagelstange, Karl Krolow und Heinz Piontek zu einem eigenen Gedicht. Ingeborg Bachmann wählte Die grosse Fracht.
Der Textgestalt liegen zugrunde:
Typoskript 851, 852 aus dem Nachlaß, ohne Titel. Westermanns Monatshefte. Braunschweig, Jg. 96, Heft 4, April 1955. S. 77, ohne Titel. (Einzige Veröffentlichung.)

[Zur Entstehung des Titels ›In Apulien‹] S. 105
Entwurf
Siehe In Apulien. Ingeborg Bachmann, Werke, Bd. I. Piper Verlag, München 1978. S. 130.
Der Textgestalt liegt zugrunde:
Typoskript 3788, 3789 aus dem Nachlaß, ohne Titel.
Der Entwurf bricht im Typoskript ab mit den Zeilen: *Beschränken wir uns also auf das Gedicht selbst. Es hat fünf Strophen. Die erste führt nach Apulien. Die Herkunft des Lichts wird festgestellt. Die ersten zwei Strophen*

Das Gedicht an den Leser S. 107

Entwurf

Der Textgestalt liegt zugrunde:
Typoskript 1682 aus dem Nachlaß.
Das Typoskript endet mit: *Nur du nicht.* In den folgenden handschriftlichen Sätzen sind die Wörter *Getier* und *Geäst* nicht mit letzter Sicherheit entzifferbar.

Religiöses Behagen? – José Orabuena: ›Kindheit in Cordoba‹ S. 109

Der Textgestalt liegt zugrunde:
Wort und Wahrheit. Monatsschrift für Religion und Kultur, VII. Jg., Jänner 1952. Thomas Morus Presse im Verlag Herder, Wien. S. 65. (Einzige Veröffentlichung.)

Kosmische Ekstasen – Alfred Mombert: ›Der himmlische Zecher‹ S. 113

Der Textgestalt liegt zugrunde:
Wort und Wahrheit. Monatsschrift für Religion und Kultur, VIII. Jg., Januar 1953. Verlag Herder, Freiburg. S. 61. (Einzige Veröffentlichung.)

Franz Kafka: ›Amerika‹ S. 116

Einzige Veröffentlichung in: Hörfunk-Aufnahme des HR Frankfurt vom 9. Dezember 1953, in der Sendereihe Kulturelles Wort: »Das Buch der Woche«.
Der Textgestalt liegt zugrunde:
Typoskript 862–866 aus dem Nachlaß.

[Gruppe 47] S. 123

Entwurf

Nicht vor Frühjahr 1956 entstanden (Tod von Louis Clappier 19. April 1956).
Der Textgestalt liegt zugrunde:
Typoskript 1947, 1948 aus dem Nachlaß, ohne Titel.

[Witold Gombrowicz] S. 126

Entwurf

Der Textgestalt liegt zugrunde:

Typoskript 1535, 1532, 1533, 1534 (= S. 1–4) aus dem Nachlaß, ohne Titel.

1 Vgl. Witold Gombrowicz, Berliner Notizen. Verlag Günther Neske, Pfullingen 1965. S. 72. – Ebenfalls: Witold Gombrowicz, Die Tagebücher, Bd. 3 (Eintragung von 1963. X.). Verlag Günther Neske, Pfullingen 1970. S. 126: *Ingeborg Bachmann, eine Dichterin aus Österreich, gleichfalls von Ford eingeladen und in derselben Akademie der Künste wohnend, war die erste Person, mit der ich mich befreundete. Wir spazierten, beide etwas verwundert oder betört von dieser Insel (in einem kommunistischen Ozean), oder vielleicht von etwas anderem, wir sahen nicht viel, beinahe nichts, ich entsinne mich, daß mich die Menschenleere in Berlin erstaunte: wenn irgendwo in der Ferne jemand erschien, riefen wir: »Da, da, ein Mensch am Horizont!«*

[Giuseppe Ungaretti] S. 131

Entwurf

Nicht vor Juni 1970 entstanden (Giuseppe Ungaretti starb am 4. Juni 1970).

Der Textgestalt liegt zugrunde:

Typoskript 1828 aus dem Nachlaß, ohne Titel.

[Jede Jugend ist die dümmste] S. 133

Entwurf

Der Textgestalt liegt zugrunde:

Typoskript 1687, 1688 aus dem Nachlaß, ohne Titel.

[Auf das Opfer darf keiner sich berufen] S. 135

Entwurf

Der Textgestalt liegt zugrunde:

Typoskript 1771, 3693 (= S. 1–2) aus dem Nachlaß, ohne Titel.

[Ferragosto] S. 136

Entwürfe

Entstanden in den Fünfzigerjahren.

Der Textgestalt liegt zugrunde:

Typoskript 1864, 1865 aus dem Nachlaß, ohne Titel.

Leipzig: S. 138

Entwurf

Entstanden 1960.

Ingeborg Bachmann reiste auf Einladung von Prof. Hans Mayer nach Leipzig, wo sie, zusammen mit Hans Magnus Enzensberger, Walter Jens, Stephan Hermlin, Peter Huchel und Georg Maurer, vom 29. März bis 1. April 1960 an einem Lyrik-Symposium im Institut für Deutsche Literaturgeschichte an der Universität Leipzig teilnahm.

Der Textgestalt liegt zugrunde:

Typoskript 3817 aus dem Nachlaß.

Zugegeben S. 140

Entstanden 1969.

Der Textgestalt liegen zugrunde:

Typoskript 1953 aus dem Nachlaß, ohne Titel. – (Fazit Rom) ›Das Literarische Profil von Rom‹. Literarisches Colloquium, Berlin 1970. S. 76 f. (= LCB-Editionen 17). (Erstveröffentlichung.) – Zugegeben in dem Dossier zum Erscheinen von Malina. Suhrkamp Verlag, Frankfurt/M. 1971.

Einer früheren Fassung von Zugegeben, Typoskript 736 aus dem Nachlaß, ist die Widmung vorangestellt: *Per Leu – ricordando gli anni tra Via Bertoloni e Via Vittoria.* (Leu ist Marie Luise Kaschnitz.)

Hommage à Maria Callas S. 142

Entwurf

Der Textgestalt liegt zugrunde:
Typoskript 666, 667 aus dem Nachlaß, ohne Titel. Der Titel steht über einem offenbar früheren Entwurf, Typoskript 664, 665.
Ingeborg Bachmann hörte Maria Callas zum ersten Mal als Traviata 1956 in der Mailänder Scala. Regie Luchino Visconti. Vgl. Notizen zum Libretto. Ingeborg Bachmann, Werke, Bd. I. Piper Verlag, München 1978. S. 433.
Der Text ist wahrscheinlich einige Jahre später entstanden.

[Otello] S. 144

Entwurf

Der Textgestalt liegt zugrunde:
Typoskript 1541, 1539 (= S. 1–2) aus dem Nachlaß.
Wann und für welchen Sender der Text geschrieben wurde, ist nicht mehr festzustellen.

[Georg Groddeck] S. 146

Entwurf

Entstanden 1967, nach der Veröffentlichung von: Georg Groddeck, Das Buch vom Es (1961), Psychoanalytische Schriften zur Literatur und Kunst (1964), Psychoanalytische Schriften zur Psychosomatik (1966). Alle im Limes Verlag, Wiesbaden. Die Rezension der Schriften Georg Groddecks war für das Nachrichtenmagazin »Der Spiegel« bestimmt.
Der Textgestalt liegt zugrunde:
Typoskript 1930, 1931, 1928, 1932, 1933, 1935, 1934, 1929, 1926, 1927 (= S. 1–10) aus dem Nachlaß.

1 Zitiert aus: Nachruf für Georg Groddeck, von Hermann Graf Keyserling, in: Georg Groddeck, Das Buch vom Es. Limes Verlag, Wiesbaden 1961. Das Zitat wurde von den Herausgebern eingesetzt.

Ein Maximum an Exil – Über Leo Lipski: ›Piotruś‹
Aus Entwürfen S. 154
Entstanden 1967, nach der Veröffentlichung von: Leo Lipski, Piotruś, deutsch von Oskar Jan Tauschinski. Luchterhand Verlag, Neuwied/Berlin 1967.
Die Rezension wurde Mitte Juni 1967 von der Feuilleton-Redaktion der Wochenzeitung »Die Zeit« erbeten, auf Grund des Interesses, das Ingeborg Bachmann an Leo Lipskis Werk bekundet hatte.
Der Textgestalt liegen zugrunde:
Typoskripte 5206 (Titel); 5207; 1707; 5208, 5209; 5217 aus dem Nachlaß. (Den durch Komma getrennten Typoskriptzahlen entsprechen fortlaufende Seiten. Den durch Semikolon getrennten Typoskriptzahlen entspricht das Ende einer Seitenfolge oder eine einzelne Seite.)
1 Statt des Klappentextes muß es sich um einen Werbetext handeln, der im Luchterhand Verlag nicht mehr zu ermitteln war.

Das Tremendum – Sylvia Plath: ›Die Glasglocke‹
Entwurf S. 158
Entstanden 1968, nach der Veröffentlichung von: Sylvia Plath, Die Glasglocke, deutsch von Christian Grote. Suhrkamp Verlag, Frankfurt/M. 1968 (= Bd. 208 der Bibliothek Suhrkamp).
Der Textgestalt liegt zugrunde:
Typoskript 1856, 1858, 2044 (= S. 1–3) aus dem Nachlaß.

[Thomas Bernhard:] Ein Versuch S. 161
Entwurf
Entstanden 1969, nach der Veröffentlichung von: Thomas Bernhard, Watten. Ein Nachlaß. Suhrkamp Verlag, Frankfurt/M. 1969 (= edition suhrkamp 353).
Der Textgestalt liegt zugrunde:

Typoskript 3712, 3715, 3714, 3716 (= S. 1–4) aus dem Nachlaß.

1 Zitiert aus: Thomas Bernhard, Watten. Ein Nachlaß. Suhrkamp Verlag, Frankfurt/M. 1969 (= edition suhrkamp 353). S. 30. Das Zitat wurde von den Herausgebern eingesetzt.

[Bertolt Brecht: Vorwort zu einer Gedichtanthologie]
Entwurf S. 165

Entstanden 1969, als Ingeborg Bachmann für den Verlag Fischer Bücherei, Frankfurt/M., eine Lyrik-Anthologie unter dem Titel »Poetische Beispiele – Bertolt Brecht« herausgeben wollte.

Der Textgestalt liegt zugrunde:

Typoskript 1849, 1851, 1531 (= S. 1–3) aus dem Nachlaß.

1 Die von Bertolt Brecht des öfteren verwendete Trennung von »volkstümlich« in die Bestandteile »Volk« und »tümlich« findet sich z. B. in »Turandot oder Der Kongreß der Weißwäscher« und in mehreren Artikeln zum Thema Realismus in den »Schriften zur Literatur und Kunst«.

Christine Koschel
Inge von Weidenbaum

Inhalt

ESSAYS

Ludwig Wittgenstein – Zu einem Kapitel der jüngsten Philosophiegeschichte 7
Ins tausendjährige Reich 19
Was ich in Rom sah und hörte 24
Die blinden Passagiere 30
Die wunderliche Musik 40
Musik und Dichtung 54
Tagebuch 58

REDEN

Die Wahrheit ist dem Menschen zumutbar 75
Ein Ort für Zufälle 78
[Rede zur Verleihung des Anton-Wildgans-Preises] 94

KLEINERE SCHRIFTEN

Biographisches 101
[Wozu Gedichte?] 103
[Zur Entstehung des Titels ›In Apulien‹] 105
Das Gedicht an den Leser 107
Religiöses Behagen? – José Orabuena: ›Kindheit in Cordoba‹ 109
Kosmische Ekstasen – Alfred Mombert: ›Der himmlische Zecher‹ 113
Franz Kafka: ›Amerika‹ 116
[Gruppe 47] 123
[Witold Gombrowicz] 126

[Giuseppe Ungaretti] 131
[Jede Jugend ist die dümmste] 133
[Auf das Opfer darf sich keiner berufen] 135
[Ferragosto] 136
Leipzig 138
Zugegeben 140
Hommage à Maria Callas 142
[Otello] 144
[Georg Groddeck] 146
Ein Maximum an Exil – Über Leo Lipski: ›Piotruś‹ 154
Das Tremendum – Sylvia Plath: ›Die Glasglocke‹ 158
[Thomas Bernhard:] Ein Versuch 161
[Bertolt Brecht:
Vorwort zu einer Gedichtanthologie] 165

ANMERKUNGEN 169

Ingeborg Bachmann

Werke

Herausgegeben von Christine Koschel, Inge von Weidenbaum, Clemens Münster. 2304 Seiten mit 2 Faksimiles. Piper Taschenbuch

1: Gedichte · Hörspiele · Libretti · Übersetzungen
2: Erzählungen
3: Todesarten: Malina und unvollendete Romane
4: Essays · Reden · Vermischte Schriften · Anhang

Ingeborg Bachmanns gesammelte Werke in neuer Ausstattung.

Ingeborg Bachmann (1926 bis 1973) schuf mit ihrer Lyrik, Essayistik und ihrer umfangreichen Prosa eines der eindrucksvollsten schriftstellerischen Werke ihrer Generation. Die vierbändige Ausgabe versammelt alle wichtigen Texte in neuer Ausstattung.

»Die bedeutendste Dichterin, die unser Land in diesem Jahrhundert hervorgebracht hat.«
Thomas Bernhard

05/2651/01/L

Ingeborg Bachmann

Bilder aus ihrem Leben

Mit Texten aus ihrem Werk und 222 Abbildungen. Herausgegeben von Andreas Hapkemeyer. 162 Seiten. Piper Taschenbuch

Dieser Text-Bild-Band vermittelt einen Überblick über Leben und Werk Ingeborg Bachmanns. Über einen Zeitraum von fünfzig Jahren dokumentieren die Fotos und Texte ihre Lebensbereiche, zeigen ihre zahlreichen Reisen und belegen ihre Beziehungen zu anderen Schriftstellern wie auch ihre Mitgliedschaft bei der Gruppe 47. Durch Gedichte, Auszüge aus der erzählenden Prosa, aus Hörspielen und essayistischen Arbeiten wird die Vielfalt von Bachmanns schriftstellerischem Schaffen exemplarisch dargestellt. Die Texte und Auszüge aus Interviews geben wichtige Hinweise auf die zahlreichen Quellen ihres Schreibens. Aus dem Neben- und Ineinander von Fotos und Texten entsteht ein ebenso sensibles wie anschauliches Porträt der Dichterin.

05/1488/02/R